저주체 : 인간되기에 관하여
Hyposubjects : On Becoming Human

지은이   티머시 모턴·도미닉 보이어
옮긴이   안호성
펴낸이   조정환
책임운영   신은주
편집   김정연
디자인   조문영
홍보   김하은
프리뷰   권두현·이해수·정경직
초판 인쇄   2024년 6월 18일
초판 발행   2024년 6월 20일
종이   타라유통
인쇄   예원프린팅
라미네이팅   금성산업
제본   바다제책
ISBN   978-89-6195-351-1 03100
도서분류   1. 철학   2. 사변적 실재론 3. 객체지향 존재론
값   17,000원
펴낸곳   도서출판 갈무리
등록일   1994. 3. 3.
등록번호   제17-0161호
주소   서울 마포구 동교로18길 9-13 2층
전화   02-325-1485
팩스   070-4275-0674
웹사이트   www.galmuri.co.kr
이메일   galmuri94@gmail.com

일러두기

1. 이 책은 Timothy Morton과 Dominic Boyer의 *Hyposubjects : On Becoming Human*, London : Open Humanities Press, 2021을 완역한 것이다.
2. 단행본, 전집, 정기간행물에는 겹낫표(『』)를, 논문에는 홑낫표(「」)를 사용하였다.
3. 영어판에서 이탤릭체로 강조된 것은 고딕체로 표기하였다.
4. 번역어 중 대안 번역어가 있지만 원문과의 관련성을 위해 다른 번역어를 사용한 경우에는 대괄호([ ])를 사용하여 대안 번역어를 추가하였다(ex. 소[가축]cattle)
5. 모든 각주는 옮긴이가 한국어판 독자들의 이해를 돕기 위해 작성한 것이다.
6. 「부록 : 새로운 전체론」은 티머시 모턴의 글 "A New Holism"을 저자들의 허락을 받고 번역·수록한 것이다.
7. 한국어 독자를 위해 저자가 작성한 한국어판 서문으로 옮긴이의 서문을 갈음한다는 옮긴이의 뜻에 따라 별도의 옮긴이 후기는 싣지 않는다.

차례

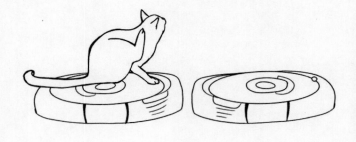

제이드 헤이건,
브리자,
클레어,
올리비아,
사이먼,
블랙 라이브스 매터,
멸종저항 유스,
그리고 Z세대를 위해서

기자 : 서구 문명에 관해 어떻게 생각하십니까?
간디 : 그런 게 있다면 참 좋겠지요.

여성운동은 국제적이기만 한 것이 아닙니다.
행성적인 것이지요.
—— 카를라 론지

성장成長하지 마라. 성단成短하라.
—— 크리스 로버트슨

안녕하세요, 한국! 여러분의 언어로 말하게 되어 매우 기쁩니다. 그리고 저희가 하는 말 중에서 일부라도 여러분과 공명할 수 있기를 바랍니다. 저희가 앞으로 펼칠 이 작은 실험적 모험은 어쩌면 책이 아니라 게임이나 일종의 공연에 좀 더 가까울 수도 있겠습니다. 저희는 이 모험을 즉흥 철학의 실천으로 간주하고 싶습니다. 그러므로 위대한 티나 페이가 제시한 즉흥 코미디의 네 가지 황금률에 따라 저희의 정신은 다음과 같습니다. 언제나 "맞습니다"라고 말하고, 언제나 "맞습니다, 그리고"라고 말하며, 우리가 함께 상상하는 세계에 관해 진술하는 것입니다. 그리고 이것은 즉흥적인 것이기에 실수란 없다는 것입니다. 여러분은 같은 방식으로 『저주체』를 읽을 수 있습니다. 여러분이 여기서 얻는 것이 무엇이든 그것이 정답입니다. 저주체성에 관해 고정된 정의는 존재하지 않습니다. 우리 모두 함께 저주체가 되는 법을 배워갈 것입니다. 그러니 여러분 자신을 이 혼합물에 추가해 우리가 "맞습니다, 그리고"라고 말하게끔, 더 나은 세계를 실현할 수 있도록 도와주세요.

여기서 저희의 방법은 저희가 저월subscendence이라고 부르는 것입니다. 저월은 인간 생활세계-보다-훨씬-더-거대한-것을 구성하는 관계·분해·창발의 공-생산적sympoietic 혼란으로 더 깊이 들어가는 움직임에 관한 것입니다. 저월은 초주체들hypersubjects의 초월 방법에 대항해서 작용합니다. 초주체들은 멀리서 모든 것을 통제하기 위해 자신들이 모든 것의 그물망에서 벗어날 수 있다고 상상하기를 좋아합니다. 그러나 저희는 초주체들이 그렇게 할 때 자기 꾀에 넘어간다고 생각하지요. 초주체들이 하는 모든 것은 스스로를 피폐하게 만들고, 스스로의 생활세계를 암울하고 고독한 곳으로 만들 뿐입니다. 초주체들은 저주체들hyposubjects이 하려는 바를 진정으로 이해하지 못하거나 존중하지 않습니다. 그러나 괜찮습니다. 우리의 그물망이 초주체들에게 다가가고 있고, 초주체들은 그로 인해 더 행복해질 것입니다. 우리 모두 그렇게 될 것입니다. 여기에서 저희와 함께 해주셔서 감사합니다. 흥미진진한 모험이 곧 펼쳐질 것입니다!

저희에게 이메일을 보내고 싶다면 tbm2@rice.edu, dcb2@rice.edu로 보내주세요.

2022년 4월 15일

티머시 모턴과 도미닉 보이어

무언가가 일어나고 있어. 『초객체』*Hyperobjects* 1라는 책은 이제 어떤 면에서는 무관해 — 모두가 알고 있으며, (훨씬 더 중요한 것은) 모두가 직관적으로 초객체가 무엇인지를 느끼고 있다는 것이지. 코로나바이러스는 어디에나 있어. 그런데 너는 그것을 볼 수 없지. 그건 온갖 다양한 규모에서 작동해 — 대인관계에 공포를 심지. 혹은 만약 네가 강제로 직장이나 학교로 돌아가야 하는 상황이라면 ; 코로나바이러스는 신자유주의적 부글거림이 약하거나 전혀 없는 세계를 보여주고 있고, 행성 규모의 집합적 의식과 행동을 조장하는 데서 기묘하게도 탁월함을 보여주고 있지.

우리 모두가 지구 전역에서 "봉쇄"되기 시작한 직후에 — 사실 이건 일종의 덜 광적이고 좀 더 돌보는 존재 방식으로의 개방이었어 — '블랙 라이브스 매터'Black Lives Matter가 지구

---

1. 이 책은 『하이퍼객체』(김지연 옮김, 현실문화, 2024)라는 제목으로 한국어판이 출간되었다.

를 둘러싸고 폭발했다는 것은 순수한 시라고 할 수 있어. 우리는 인종차별에 대한 투쟁이 어떤 다른 일들이 가능해질 진정한 미래적 미래를 여는 데 언제나 근본적이라고 생각해 왔어. 그 미래적 미래란 자본주의의 알고리즘적 부글거림과는 다른 것이야. 그리고 자본주의의 알고리즘적 부글거림은 노예제라는 시초축적에 의해 가능했었다는 것을 잊지 말자. 지구 전역의 많은 비-흑인이 갑자기 미국에서의 삶이 얼마나 값싸고 폭력적인지를 깨달았고(그래 알아, 우리가 바로 [지구적] 남부에 살고 있어), 그 삶, 특히 흑인의 삶을 근본적으로 돌보기 위해 결집했다는 사실, 그건 새로운 구조architecture에 대한 놀라운 약속과 다름 없어. 그 새로운 구조란, 상점과 동상의 느리고 좀 더 억압적인 구조를 부숴 버리는 사람들의 집단으로 구성된, 활기를 띤 유동적인 것이지.

레이먼드 윌리엄스의 시사적이지만 결코 잘 이론화되지 않은 용어를 빌리자면, 그것은 감정의 중첩구조overlapping structures of feeling를 느낄 수 있는 순간이야. 어떤 면에서는 감정의 구조와 이데올로기의 관계는 시각화가 하나의 이미지와 맺는 관계와 같아. 후자는 덧없고 심지어는 "조잡해서" 언제든지 무너질 수 있으며, 아직 기록되지 않은 것이지 — 그리고 그렇기에 좋은 거야. 그렇기 때문에 그것은 미래에서 온 일종의 안개인 거야. 이 미래 안개는 가장 강력한 산^{acid}보다도 과거의 조각상들을 잘 먹어 치워. 그러니까 행성 규모의 알아차림에 대한 감정^{feeling}만이 있는 것이 아니라, 어떤 분위기^{feel}가 있다는 거야. 파시스트적이지 않은 소속감이 있지. 사회적 거리두기는 사회적 친밀함^{intimacy}이라고 불려야 해. 너를 피하고 마스크를 쓰기로 한 나의 결단은 네가 살기를 바란다는 걸 의미하지. 내가 격리되어 있어서 슈퍼마켓에서 일하는 사람들을 보지 못하는 내 무력함은 예를 들어 "분홍 코끼리는 생각하지 마라"[2]처럼 그들을 상상하면서 그들과 어울리는 기이한 방식이야. 한 장의 마스크에는 "당신에게 친절을 베풀고 싶습니다"라고 쓰여 있는 것이지.

위기에 대한 미국의 혼란스럽고 폭력적인 무대응에는 몇 가지 유익한 효과가 있어. 우리 자신의 어리석음을 그린

---

2. "분홍 코끼리는 생각하지 마"는 인간의 사고 과정을 설명할 때 사용되는 표현으로, 특정한 사물에 관해 생각하지 말라는 지시가 오히려 그 사물을 더 많이 생각하게 만든다는 역설적 효과를 나타낸다. 생각을 억누르려고 하면 할수록 그 생각이 더 커지고 강렬해지는 것이다.

도표를 보면, 바이러스가 어디로도 사라지지 않았음을 알 수 있지. 일부 신자유주의 국가들이 얼마간 그것을 피했을 따름이야. 그리고 마스크가 친절이 아니라 개그라며 필요 없거나 쓰지 말아야 한다고 생각하는 사람들은 백인 남자들(우리를 믿어도 돼, 우리는 3월부터 약 열두 곳의 공항에 함께 갔었어)이었어. 그것은 "주체"(주인)와 "객체"(노예)에 대한 그들의 생각에 관해 알아야 할 모든 것을 알려주지.

그건 '블랙 라이브스 매터'가 일어난 순간에 그들의 시간이 가장 확실하게 끝났음을 알려주고 있기도 해. 그러므로 우리가 이 얇은 책에서 명명하는 대로, 이러한 초주체들에게 죽음을! 우리/너는 더 이상 다른 모두를 희생시키며 지구를 파괴할 수 없어. 그래, 우리도 알고 있어, 우리가 백인 남자인 것을. 우리도 알고 있어.

이 책을 더 읽기 전에 경고 문구를 확인해. 경고 문구
는 이런 거야 : 여기서부터는 조잡하고 혼란스러운 사고 실
천이 뒤따름. 넌 실망할 수밖에 없을 거야. 아니, 진심이야.
기대하지 말라고. 특히 "저주체에 관한 이론" 같은 것을 찾
고 있다면 더 그래. 이 아무렇게나 쌓은 더미에서 그런 걸
찾기란 하늘의 별 따기지. 솔직히 말해서, 여기서 벌어지고
있는 일 대부분은 별로 말이 안 돼. 그래, 우리가 우리 자
신을 부끄러워해야 한다는 거 알아. 하지만 이 모든 것은
도움을 주고 싶은 진실한 마음에서 비롯돼. 우리와 같은
존재자들에게 이는 작아짐becoming less을 뜻하지. 때로는 하
나를 해체하기 위해 둘이 필요해. 우리가 사용하는 나는
환각적인 것, 즉 교대로 자신을 긍정하고 자신과 논쟁하기
도 하는 우리we야. 이건 2014년에 샐러드와 콤부차에 힘입
은 일련의 대화로 시작되었고, 이후 압축을 거쳤으며, 조각
나고, 리믹스되어 증대되었으며, 태양과 그늘에서 더욱 발

효되었지. 2014년은 파시즘이 (다행히도) 사회주의와 함께 세계에 전면적으로 복귀했음이 명백해지기 몇 년 전이었어. 자유주의는 여전히 똑같아. 마치 자신이 영원해야 한다고 생각하는 의기양양한 좀비와 같지.

우리는 "기후 변화"가 "기후 비상사태"가 되기 몇 년 전에 이 글을 썼어. 그러므로 이어지는 대화에서는 수많은 불길한 예감과 과소평가가 수반되지. 그렇지만 우리는 우리의 원래 직관이 여전히 유효하다고 생각해. 초주체들의 시간은 끝나고 있어. 그들의 사막-묵시-화재-죽음 숭배가 이번에는 그들을 구하지 못할 테지. 한편, 저주체들의 시간은 막 시작되었어. 그리고 저주체들은 자신의 이론들을 제공할 건데, 미리 감사를 표할게. 네가 이미 이 모든 것을 다 알고 있다면, 아마도 이 책으로 시간을 낭비하지 않는 것이 좋을지도 몰라. 저주체가 그 자신과 세계를 향해 스스로 도래할 때, 우리는 그저 구경꾼이 되는 것만으로도 만족해. 그렇지만 우리는 필요에 따라 도움의 손길을 뻗고자 하지. 어떤 사람의 쓰레기장은 다른 사람의 놀이터인 법이거든. 여기에서 우리가 만든 기묘하고 작은, 거울로 된 방은 악몽과 농담, 산만함과 유토피아의 파편들로 가득 차 있어. 우리는 관심 있는 사람이라면 누구에게든 이 소굴을 공유하고 싶어. 기본적으로 세계가 뒤집히는 감각을 동반하는 광기를 느끼는 사람이라면 누구나 좋아. 아직 이 글을 읽고 있다면, 어서 와. 우리는 끝을 통해 (다시) 시작할 거야.

우리가 인간 존재자들에 관해 어떻게 생각하냐고? 그런 게 있다면 참 좋겠다고 우리는 생각해.

우리는 초객체들의 시대에 살고 있어. 인간이 획일적인 방식으로 초객체를 완전히 이해하거나 경험하기에는, 초객체라는 건 시간과 공간에 걸쳐 너무도 방대하고 다면적으로 분산되어 있어. 블랙홀은 일종의 초객체이고 생물권은 또 다른 초객체야. 그러나 우리가 우려하는 대부분의 초객체는 인간에 기원을 두고 있어. 예를 들어 지구 온난화. 혹은 항생제. 혹은 플라스틱 봉투. 혹은 자본주의. 이러한 초객체들은 끈적거리는 안개처럼 우리를 초과하고 감싸며, 어색하고 예기치 않은 나타남을 만들고, 위선과 조잡함과 두려움을 일으키지.

특정한 종류의 인간이 세계를 초객체적 시대로 인도하는 데 일조했어. 그들을 초주체라고 부르자. 선거에서 자신에게 너의 한 표를 달라는 사람들, 사태가 어떠한지를 알려주는 전문가들, 너의 학교에서 총을 쏘는 사람들, 너의 트위터 피드에서 맨스플레인mansplain을 하는 사람들, 이런 유형의 주체들을 초주체로 인식할 수 있을 거야. 초주체는 전형적으로는 백인이고, 남성이고, 북부의 사람이고, 영양상태가 좋고, 모든 의미에서 근대적이지. 그렇지만 이런 사람들만 초주체인 것은 아니야. 냉소적으로든 진실하게든, 그들은 이성과 기술을 일을 완수하기 위한 도구로 휘두르지. 그들은 명령하고 통제하며, 초월을 추구하고, 자신의 지배력을 자가 공급하며 거기에 심하게 도취되지. 초주체들을 점점 더 짜증 나게 하는 것이 무엇인지 알아? 초주체들이 자신들의 이미지와 편의를 위해 빚어낸 이 존재자와 시간이 죽어가고 있다는 것을, 초객체들이 그들의 귓가에 속삭이고 있다는 점이야. 초주체들의 머릿속에서 더 이상 초주체들을 위한 시간이 없다는 목소리들이 들리는 거지. 초객체 시대의 동반자가 될 것은 초주체성이 아니라 저주체성이야.

그래서 개혁을 추구하는 초주체들로서, 우리는 저주체의 정치적 잠재력을 고려하기 위해 로봇 청소기 룸바와–같은 방식으로 시작했어. 비록 저주체성은 기후 변화와 자본 같은 끈적거리는 힘들의 효과로 인해 고통받으면서 그것을 견뎌야만 하는 어떤 비체적 조건처럼 들리지만, 그 약함과 하찮음의 감각, 그리고 지식과 행위 능력의 결여야말로 실제로 우리가 포용해야만 하는 것이 아닐까? 돌이켜 보면, 우리의 현재 상태로 오는 길은 사물, 사람, 피조물에 대한 장악과, 인류가 언제나 더 잘 알 거라는 우리 종의 능력에 대한 이상한 신념으로 포장되었었어. 이 기획은 결국 책과 유사한 어떤 것으로 끝날 수 있겠지만, 우리는 네가 이 기획을 게임으로서 경험하길 바라. 어쩌면 롤플레잉 게임이 좋을 것 같아. 우리 모두 코스튬을 좋아하고 이런 게임은 더 많은 플레이어를 요구하거든. 이것은 집합적 성찰과 표현elaboration을 위한 오픈 소스이자 오픈 액세스야. 우선, 우리가 생각한 몇 가지 사항은 다음과 같아.

∞ 저주체는 인류세의 토착종이며 이제야 막 자신이 무엇이고 무엇이 될 수 있는지를 발견하기 시작했어.

∞ 초객체적 환경과 마찬가지로, 저주체 또한 다면적이고 다원적이며, 아직-아님이고, 여기도 저기도 아니며, 부

분의 합보다 작아. 다른 말로 하자면, 저주체는 초월적
이라기보다는 저월적이야. 저주체는 권력은 물론이거니
와 절대적 지식과 언어를 추구하거나 가장하지 않아. 대
신 저주체는 놀고, 보살피고, 적응하고, 아프고, 웃어.

∞ 저주체는 필연적으로 페미니즘적이고 반인종차별주의
적이며, 다인종적이고, 퀴어적이며, 생태적이고, 트랜스
휴먼이자 인트라휴먼이야. 저주체는 남성백색이성애석
유근대성androleukohheteropetromodernity의 규칙과 그 규칙
이 요약하고 강화하는, 정점에 선 종의 행동을 재인식하
지 않아. 그런데 저주체는 멸종 판타지의 축복-공포를
저지하기도 하는데, 저주체의 이전들·지금들·이후들이
넘쳐나기 때문이야.

∞ 저주체는 스콰터squatter이자 브리콜뢰르bricoleuse야. 저
주체는 틈과 비어있음hollow에 거주해. 저주체는 사물을
뒤집어 놓고 파편과 잔해로 작업하지. 저주체는 탄소 격
자[그리드] 생활과의 연결을 끊고unplug, 비축된 에너지를
자기 목적을 위해서 해킹하고 재분배해.

∞ 저주체는 기술근대 레이더가 감지할 수 없는 곳에서 혁
명을 일으켜. 저주체는 자신이 현존하지 않거나 현존할

수 없다는 전문가의 조언을 끈기 있게 무시하지. 저주체
는 우리가 방금 말한 모든 것을 포함하여 저주체를 요
약하려는 노력에 대해 회의적이야.

요컨대, 지금은 초월적 초주체가 계속해서 지구를 괴롭히
고 있어. 그러나 초주체는 점점 더 불안정하고, 심지어 유
령 같은 방식으로 그렇게 하고 있어. 초주체의 단면적인 존
재는 영속적으로 화합되질 않아. 자신의 시간이 지났다는
것을 반쯤 알아챈 초주체는 콧방귀를 뀌며 어떤 대안도 부
정하고, 격렬하게 비난하며, 구원 기계와 사후 세계 구원
을 팔아먹지. 만약 초주체가 자신이 지나간 자리에 그토록
많은 폐허와 절망을 남기지 않았더라면, 넌 초주체를 불
쌍히 여겼을지도 몰라. 이 글을 쓰고 있는 동안, 괴로워하
는 이 수많은 생물체가 도널드 트럼프, 보리스 존슨, [브라질
의 극우 정치인] 자이르 보우소나루라고 불리는 풍선 안으
로 들어가 공중으로 날아가기를 바라며 풍선을 부풀리고
있어. 그러나 알폰소 쿠아론의 영화 〈그래비티〉에서처럼,
그 대신 우리를 기다리고 있는 일은 폐허에서 미래를 조직
하여 지구로 돌아가는 길고 험난한 항해를 준비하는 거야.

그 미래는 저주체의 것이야. 우리가 번성하기를 바란다면,
우리는 저주체로서 다시 인간이 되어야만 해.

I

초객체들, 나르시시즘, 백인 소년들,
고리화, 십 대들, 장난감들, 게임들,
스쾃들, 장내 세균

자, 가보자. 이 폴더를 열게. 준비됐어? 하나, 둘, 셋. 체크, 체크, 체크.

체크, 체크. 어디 보자 … 그러니까 내가 제안하고 싶었던 것은 이 모든 것이 초객체에서 시작되어야 한다는 것이야. 그리고 난 다음에 이야기는 저주체로 이동하지. 그렇지만 먼저, 우린 초객체에 관해 알아볼 필요가 있어. 그래. 그러니까, 나도 같은 생각이었어. 내가 처음 "저주체"라는 단어를 들었을 때 — 그 단어를 꺼낸 두 사람 중 한 명은 너였는데 — 나는 이게 전혀 주체에 관한 것이 아니라고 생각했어. 무슨 말인지 알지? 그러고는 이렇게 생각하기 시작했지. 음, 이건 주체에 관해서 내가 가지고 있는 편견에 관한 것이 아니야, 그렇지? 사실 이건, 우리가 인간이라고 가정할 때, 지금까지 벌어진 일들에 비추어 우리 인간들이 어떤 입장을 취하고 있는지에 관한 것이야. 그리고 헤겔에게서 영감을 받은 맑스주의자와 OOO 맑스주의자가 사이좋게 지낼 수 없는 이유에 관한 것이지? 그리고 일반적으로는, 학자들이 좌파를 괴롭히는 나르시시즘적인 자기-파괴 행위를 자제하는 모델을 만들지 못하는 이유에 관한 것이지? 맞아. 백인 소년들이 개념을 둘러싸고 투덕거리는 것은 학계의 삶이라는 작은 마을에서 일어날 수 있는 최악의 일일 거야.

이건 백인 소년들이 태도를 바꿔 진지하게 참여하기 시작하고 스스로를 낮추는 것에 관한 것이지. 기후 비상사태에는 아이러니하게도 적어도 한 가지 진보적인 측면이 있어. 백인 소년들은 이제 다른 모두와 같아진다는 게 어떤 것인지를 느끼기 시작했어. 소년과 밀wheat이 공생적으로 관계를 맺기 시작한 이래로 백인 소년들에게 시달려온 다른 모두와 같아진다는 것 말이야. 만약 북유럽에서 그런 걸 재배한다면, 비타민 D를 얻기 위해 좀 더 효율적인 태양 전지판이 필요할 거야. 백인성은 결국 내가 다른 곳에서 농업로지스틱스agrilogistics라고 부르는 것에 관한 것이고, 그리고 농업로지스틱스는 인류세라고 부르는 재앙의 첫 번째 물결이지.

이건 나이 든 백인 소년들이 젊은 존재자들을 도우려고 애쓰는 일에 관한 것이야. 최근에 나는 〈멸종저항 유스〉[1]와 인터뷰를 했어. 내 유일한 질문은 이거였지. "제가

---

1. 〈멸종저항〉(Extinction Rebellion, XR)은 2018년에 설립된 기후 운동 단체이다. 〈멸종저항 유스〉(Extinction Rebellion Youth, XR Youth)는 젊

여러분을 어떻게 도울 수 있을까요?" 맨스플레이너 삼촌이나 큰소리치는 나르시시즘적 꼰대처럼 보이지 않으면서 말이야. 친애하는 독자님, 내가 그렇게 보인다고 생각해도 괜찮아. 나는 그저 이 모든 것이 나에 관한 것이 되지 않도록 최선을 다할 거야. 혹은 나도 포함해서 말이야. 글쎄, 여기에서 순수한 나를 찾는 것은 어려울 거야.

Z세대에 속한다는 것이 어떠한 것인지 상상할 수 있어? 난 내가 PR[홍보] 광고 라벨을 싫어하는 만큼 이제 X세대인 것에 애정을 느껴. 먼저, X는 [영어 글자를 조합하여 낱말을 만드는 게임인] 스크래블 게임에서 점수가 높은 문자야. 그리고 X는 부모, 꼰대 세대에 관해 재미있고 바보 같은 어떤 것을 암시하지. "도대체 이 사람들 누구야? 아 … 얘네 우리 자식들이야!" 우리는 적어도 실존적인 내면적 방식으로는 그게 어떠한 것인지를 조금은 이해해. 그러나 다른 모두가 자신들에게 그런 짓을 했다고 Z세대가 비명을 지르는 건 정당하지 — 지구를 조져놓고, 이제 그걸 고치는 건 자신들에게 달렸다고? 지저스 H 크라이스트! 1

은 세대에 초점을 맞춘 해당 단체의 한 가닥이다. 〈멸종저항〉 웹사이트는 https://rebellion.global/이다. 현재 〈멸종저항 서울〉도 활동 중이다.

만 2천5백 년간의 다른 모두가 그래 왔어. 맑스는 살아 있는 자의 뇌를 악몽으로 짓누르는 역사에 관해 이야기하지. 그 친구는 그 점을 이해할 수 없었어. 아무것도 몰랐어.

어떤 의미에서, 우리가 그들을 위해 만들어 놓은 그 문제를 우리 스스로도 완전히 이해하지 못한다는 점을 생각해 봐. 그리고 우리가 신문 한 면에 기후와 멸종 여건[데이터]data 더미로 충격을 주면서 그들이 어리석고 사악하다고 느끼게 만드는 것을 얼마나 좋아하는지를 생각해 봐. 그리고 사설란에서 생태 죄책감으로 그들을 마비시키는 걸 얼마나 좋아하는지 생각해 봐. 그런데 우리가 감히 그들을 도우려 한다고? 그렇지만 우리가 아니라면 또 누가 나서겠어? 이건 마치 아도르노가 사랑했던 베케트의 그 감상과 같아 ― 난 더 이상 못 해, 계속해야만 해 … 더 잘 실패하자. 더 잘 실패하고 자주 실패하자.

그리고 내가 보기에, 우리는 우리가 상대적으로 엄청나게 크고 많은 사물에 둘러싸여 있고, 침투당해 있다는 것을 지난 200년 동안 점진적으로 깨달아 온 것 같아. 이러한 사물들은 시간과 공간에 걸쳐 대량으로 분산되어 있어서 그것들이 존재자인지조차 알기가 어려워. 그리고 나는 대체로 지구 온난화, 오염pollution — 알잖아, 1970년대에 나온 그 오래된 단어 — , 그리고 방사능 같은 걸 염두에 두고 있는 거야. 그리고 또, 사실상 인간이라는 개념을 포함해서 너는 어떤 것 — 생각하기 어려운 큰 것들 말이야 — 에도 이걸 적용할 수 있어. 여기서 시작해도 좋을 것 같아. 왜냐하면 역설적으로, 나는 네가 인간이라는 것을 깨닫는 것이 실제로 이러한 초객체에 비추어서만 가능하다고 생각하거든. 당연히 그렇겠지.

다른 말로 하자면, 나는 이제 내가 비인간으로 만들어졌다는 것을 알고 이 점이 진화를 수반한다는 것을 알아. 그리고 내가 내 자동차의 점화장치에 시동을 걸 때, 그것이 통계적으로 무의미한 행위라는 것도 알아. 그렇게 할 때 나는 아무것도 해칠 생각이 없어. 그러나 그것을 동시에 지구 규모로 확대하면 — 그리고 지금 우리는 수십 년 동안 지속되어온, 몇 분마다 일어나는 수십억 번의 시동 걸기에 관해 말하고 있는 거야 — 나는 지구 온난화에 기여하고 있는 거야. 작은 내가 아니라. 오히려 나, 인간이라고 불리는 것의 일원으로서의 나 말이지. 말하자면, 우리의 사랑하는 철학자들이 생각하듯이 인간은 더는 추상적인 개념이 아니야. 오히려 실제로 하나의 물리적 존재자로서 있단 말이지. 그리고 물론, 하나의 힘으로서도.

맞아, 물리적 존재자인 동시에 힘으로서 말이지. 힘은 손가락으로 가리킬 수 없지. 나는 힘의 이산적 사례를 가리킬 수 없어. 그렇지만 그것은 발생하고 있지. 그리하여 좋든 나쁘든, 왠지 모르게 나처럼 사물들의 지배적이고 좀 더 현실적인 파편이 있고, 그것들은 이제 변조되고 있지.

이건 일종의 본질주의 같은 거야 — 종이라고 불리는 것이 있는데 … (샐러드와 디스코 음악). 그래서 그런 것들은 생각할 수 없는 것들이지만 그런데도 그것들에 관해서 생각해야만 해. 인간종으로서의 우리가 시공간에 걸쳐 분산된 거대한 것인 한, 우리가 바로 초객체야.

초객체는 여러 다른 방식으로 혼란스러워. 초객체는 논리적으로 혼란스럽고 범주를 왜곡하지만, 동시에 실재적이고 거기에 있어. 그렇지만 그건 실재와 거기에 관한 네 할아버지의 생각은 아니야. 그리고 그게 다야, 정말로. 그것이 초객체야.

내가 저주체에 관해 생각하게 된 연유는, 내가 생각하기에 아주 정확한 진단인 초객체적 조건이 인류세의 삶을 함축하기 때문이야. 초객체적 조건은 그 이상의 것이기는 하지만 ─ 잠깐 인류세와 지구 온난화라는 맥락에 머물자면 ─ 그 조건은 역설적인 상황을 만들어내지. 한편으로, 우리는 거대해. 그리고 우리는 아마 전 지구적인 규모의 지질학적 활동을 하고 있을 거야. 동시에 우리는 그 어느 때보다도 작아졌고, 그 어느 때보다 적어졌어. 내가 보기에 초객체적 조건은 또한 그것의 동반자로서 저주체적인 것을 불러들여. 내 말은, 우리가 동시에 두 가지 방식으로 현존한다는 거야.

저주체는 초객체가 그 자신에 관해 느끼는 방식이야.

부분적으로는 그래. 저주체의 다른 측면은, 그것이 우리가 여전히 한 종으로서의 우리 자신의 독자성에 대한 감각에 거대하고 나르시시즘적인 애착을 갖고 있다는 사실, 그리고 우리가 거대한 존재자 사슬의 정점에 있으면서 우리 자신을 인류세에 빠뜨린 장본인이지만 동시에 구원자, 우리를 이 상황에서 벗어나게 해줄 유일한 존재자이기도 하다는 감각을 다루어야 한다는 거야. 이러한 애착들 역시 초객체적인 것들이야. 대문자 H로 시작하는 인류 Humanity가 달성할 수 있는 것에 대한 거대한 과대평가 말이지. 맞아.

독자님, 벌써 이 책의 재미있는 점 한 가지가 보이지 않아? 우리는 우리의 대화를 대화 형식으로 제시하지 않고, 일인칭 복수형을 사용하지 않기로 했어. 그래서 내가 가장 좋아하는 모더니즘 문학가 버지니아 울프의 멋진 단락들 중 하나처럼 보이게 했지. 여기에는 세 명에서 네 명의 인간, 단지 인간만이 아니라 예를 들어 인간, 새, 달팽이의 회집체가 있고, 그것들이 모두 의식의 흐름 속에서 함께 어우러져, 피부로 덮인 자아에서 터져 나오는 일종의 댐 붕괴나 나르시시즘적 에너지 누출이 있지 … 자크 데리다의 관찰처럼 단일한 나르시시즘은 없으며 나르시시즘 대^{vs} 비-나르시시즘이라는 건 없어. 나르시시즘이 아니라고 주장하는 것이 얼마나 나르시시즘적일지 한 번 상상해 봐! 그러고 나서 아무것도 먹지 않는다고 상상해 봐. 왜냐하면 나르시시즘은 네가 먹는 이유이고, 사물들을 네 안으로 끌어들이는 이유거든. 그리고 생태정치는 네가 안으로 끌어들이는 존재자들에 관한 거야. 공생이 바로 그거지. 대양을 떠다니는 단세포 유기체를 생각해 봐. 꿀꺽! 그들이 생각하지, "미친! 나 지금 독을 삼킨 건가?" 그것이 공생의 현상학이야 — 타자와의 불안한 관계, 이웃과의 불안한 관계, 사실상 인仁,benevolence의 기반으로서의 불안이지. 불안을 지우고자 반복해서 청결제로 씻으면 행성의 죽음에 이르게 되지.

그래서 데리다는 실제로 다소 확장된 다양한 나르시시즘들이 있다고 주장해. 그리고 생태정치적 관념은 가능한 한 많은 인간과 비인간을 포함하도록 그 나르시시즘을 확장하려는 시도라고 할 수 있어.

그래서 우리는 5년마다 또 다른 두 사람이 이 책을 다시 쓰기 위해 자원해야 한다는 규칙을 만들었어. 글쎄, 적어도 두 명, 어쩌면 백 명이 쓸 수도 있어. 그리고 물론 우리는 어떤 자원자도 불러낼 수 있는 위치에 있지 않아. 우리는 이 책이 이 새로운 종류의 주체, 저주체를 시동하는 데 도움을 주는 일종의 비디오게임이 되기를 바라. 아니면 이 책을, 모든 동네 아이가 노는 공원의 모래밭에 한 아이가 깜빡 잊고 두고 간 오래된 낡은 장난감이라고 생각할 수도 있어. 다리도 바퀴도 없는 그 비체적 불완전성이 어떻게든 다음 플레이어를 끌어들이는 거지.

이것이 내가 [일본 시리즈 만화]『진격의 거인』에서 아주 좋아하는 부분이야. 특히 나는 거기서 거대한 포식자 초주체의 자아를 내다보고 있는 작은 사냥꾼 저주체의 이미지를 좋아해. 그 이미지는 오늘날의 주체적 조건을 포착하고 있어. 네가 저주체를 생각할 때, 부분적으로는 일종의 비체 이미지를 떠올리겠지. 그런데 여기서 질문의 일부는 이거야. 우리가 저주체에 관해 비체적이지 않은 조건을 식별할 수 있을까? 초주체성을 물리치는 데 실제로 일조할 수 있는 저주체성이 되는 방법이 있을까? 『진격의 거인』의 주인공 중 한 명이, 친구들이 거인에게 삼켜지지 않도록 거인 형태로 위상-전환하는 방법을 배울 때처럼 말이야.

시간이 됐어. 우리가 지금 있는 곳에는 일종의 폭발 직전의 마비가 있어. 그래. 너도 알다시피, 네가 방금 펼친 한 가지 묘수는 우리가 사물을 끼워 맞추는 케케묵은 상자, 주체와 객체라는 상자에 약간의 혼란을 가했다는 거야. 그런데 나는 나르시시즘에게 한마디 하고 싶어. 하자. 난 저 문장을 조금 수정하고 싶어. 난 상처 입은 나르시시즘wounded narcissism 2이 자신을 먹이 사슬의 정점이라고 생

---

2. 모턴은 나르시시즘은 "하나"의 문제가 아니라고 말한다. 모턴에 따르면, 나르시시즘은 하나의 단일한 존재자가 결코 자기 자신에게 완전히 현전하지

각한다고 말하고 싶어. 다시 말해서, 수천 년에 걸친 농업 기획이 시작된 지 몇백 년 안에 실패할 운명이었음을 네가 반쯤 무의식적으로 깨닫고, 그 기획이 신자유주의처럼 타당한 이유 없이 바이러스처럼 퍼진 것이었음을 알게 되었을 때, 그것이 객관적으로 실패하고 있음을 네가 알게 되면, 그때 넌 나르시시즘적 상처를 입는 거야.

그것을 일컫는 고대 그리스어는 하마르티아, 일종의 내적 상처 혹은 결함이야. 그렇다면 적절한 태도는 이 모든 것을 가로질러 일하는 것이 비극이라고 생각하는 거겠지. 알다시피, 난 먹이 사슬의 정점에 있지만, 정점에 있는 건 외로운 거야. 정점에 있는 건 힘들어. 내가 보기엔 그게 상처 입은 나르시시즘이야. 다른 말로 하자면, 우리가 초객체를 저주체적으로 수용하는 ─ 혹은 그냥 초객체를 살아가는 ─ 방법들 중 하나는 정확히, 1970년대에 잘못된 나쁜 사람들이 했던 "나르시시즘적 자기─현실화", 나르시시즘과 어떻게든 화해하는 거야.

않는다는 것을 생생하게 보여주는 유동적인 피드백이다. 따라서 여기서 병적인 것으로 간주되는 상처 입은 나르시시즘의 기능은 존재자의 내부 피드백에 대한 교란이다.

여기서 난 데리다에게 동의하는 면이 있어. 만약 네가 나르시시즘적인 관계를 파괴한다면, 넌 타자와의 어떤 관계의 가능성도 사전에 파괴하는 거야. 왜냐하면 일정한 의미에서 나르시시즘은 "너 자신"에 대한 피드백 고리이기 때문이야. 내 말은, 처음부터 너는 네가 아니란 말이야 — 네가 요가를 한다면 이 점을 말하는 더 나은 방식이 있을 텐데, 그러니까, 네가 이런 채널channel들을 가지고 있다는 거지. 그리고 그것들은 정말로 네가 아니야. 자! 내가 또 다른 규칙을 어겼는데, 절대 고상한 학술적 채널들로 언급하지 말라는 규칙이야. 그렇지만 아마도, 이걸 가로질러 우리에게 필요한 사고에 도달하기 위해 여기서 몇 가지 규칙을 어겨야만 할 것 같아. 그리고 사실 그 점이 비체화abjection에 관해 생각하게 만들었어. 그렇지, 그걸 어떻게 해야 할까가 문제지. 그리고 내가 볼 때 가장 정직하고 덜 폭력적인 방향은 밑이나 내부에 있을 거야. 왜냐하면 생태정치에 관한 불만 중 하나는 나치가 그것을 생각해 냈다는 거거든.

물론 알다시피, 나치는 전적으로 비체화에 관한 건데, 자신들이 제거하려고 애쓰는 계급의 사람들에게 그걸 투사했다는 점을 보면 알 수 있지. 마치 대략 기원전 10,000

년경에 자신의 농업 기획에 간섭하는 해충들의 계급을 제거하려고 애썼던 누군가처럼 한 거지. 그러나 그건 불가능한 일이기 때문에, ─ 일단 우리가 지구 규모와 지질학적 시간으로 그걸 확장하면 ─ 너에게 붙어 있는 모든 것을 훅하고 떨쳐버리기란 불가능해. 그리고 어떤 면에서는 존재론적으로 불가능한데, 왜냐하면 너는 그 다른 것들로 이루어져 있거든. 그래서 어찌 된 일인지, 비체화는 없애버릴 수 있는 것이 아니야.

그래서 나치의 가능성이 배경에 흐릿하게 떠 있어. 우리는 이러한 대규모 존재자와 관계를 맺기 위해 훨씬 더 폭력적인 일을 해야 할까? 아니면 비체화 아래에 더 놀이를 지원하고playful 어쩌면 더 개방적인, 그렇지만 비체화 내부에 있는 곳으로 가는 것이 가능할까? 왜냐하면 내가 보기에 너와 나 모두 영원히 비극 모드에 머물고 싶지는 않은 것 같거든. 단지 그게 짜증 나서가 아니라 오히려 우리가 겪어온 문제의 한 증상이기 때문에, 우리가 우리 자신이 하는 일의 전조등에 사로잡혀 있기 때문이야.

그렇지. 고리화looping에 관해 몇 가지 생각하는 바가 있어. 나는 이걸 프로이트, 그러니까 쾌락, 만족, 안도감의 인상을 기록하고, 그런 다음 거의 자력으로 새로운 경험을 끌어당기는 전하를 심는 원초적 과정, 즉 환각적 고리에 기반하여 구성된 초기 프로이트의 정신 모델에서 가져온 거야. 정신 기구는 각각의 새로운 경험이 과거 쾌락의 기록 보관소archive 어딘가에 들어맞기를 원하니까 우리의 정신 핵은 언제나 미친 듯이 환각에 빠져 있지. 그리고 이제 우리는 여전히 미친 듯이 환각에 빠져 있으면서도 현재의 쾌락 고리를 교란하려 하는 골치 아픈 도전에 직면해 있어. 왜냐하면 그러한 고리는 이제 행성 수준으로까지 확장되면서 재앙적인 진동을 일으키고 있거든. 그래서 나는 "유스[청년]"youth라는 전형적인 일반적 구원 범주와 상충하는 것으로서 십 대teenager를 소생시키며 십 대의 모습에 흥미를 갖게 되었어.

"십 대"에 관해서 사회적이자 문화적으로 특정적인 점은 생물학적으로 성인이고 생식 주체이면서도 동시에 성인의 사회적이고 정치적인 능력에 도달하지 못하도록 제지되며 유보 상태로 들어가게 된다는 거야. 그것은 우리가 폭발 직전의 갈등으로 분류하는 상태이지만, 유보된 잠재력으로서는 잘 분류하지 않지. 어떤 면에서 십 대는 비체 상태야.

그런데 사실 십 대는 심오하게 비체가 아닌 상태이고, 심지어는 서사epic 상태이기도 해. 생식 순환의 과정에서 각각의 세대는 방대한 혁명적 잠재력을 물려받고, 이 잠재력은 다시 성인 세계의 지배적 구조에 대한 카섹시스[충당] cathexes를 강요하는 장구한 게임이 설치된 거대한 억압 기구를 소환하지. 우리는 생식 능력을 위한 변혁 잠재력을 조금씩 희생하면서 성인의 쾌락과 힘을 얻어야 하며, 추정컨대 넌 고리화 메커니즘이 그 자체로 재앙이 아닌 한 괜찮다고 주장할 수도 있어. 하지만 지금 우리는 기본적으로 모두 십 대야. 우리의 변화무쌍한 힘을 억누르는 성인의 세계에 의해 계속 조져지고 있지만 그 대가로 주어지는 건 오로지 죽음뿐인 십 대지. 그래서 우리에게 필요한 것은 고리를 끊기 위한 전략이야. 탈출 궤적이 필요해.

현재 상태를 유지시키는 PR에 대항해서 PR 마케팅 범주("십 대")를 사용하는 건 재밌는 일이야.

그러니까, 어떤 측면에서 우리가 말하고 있는 것은 푸코식의 자기배려야. 그리고 우리가 말하고 있는 것은 소비주의 내에서 십 대의 범주를 전유하는 것이기도 해. 즉, 다른 말로 하자면 이 또한 비체화와 함께 작용해. 우리는 언제나 소비주의자였지. 이제 우린 진짜로 소비주의자야. 그러나 내가 생각해 보건대 네안데르탈인조차도 코카콜라 제로를 좋아했을 거야. 그래서, '나는 소비주의자가 아니다'라는 고전적인 방법으로 거기에 저항함으로써 전혀 탈출로처럼 보이지 않는 탈출로를 찾으려고 노력하는 대신, 우리는 사물을 그런 식으로 분류하는 범주나 장치dispositif를 거부하기보다는 그걸 이용할 거야. 그렇지. 왜냐하면 저항의 회로가 같은 고리에 속하기 때문이야. 맞아. 그래서 도피구를 찾는 방법은 아마 마찬가지로 그것의 내부나 밑에 있을 거야. 신나기 시작했어.

이렇게 난 유희ludic에 관해서도 생각하게 됐어. 왜냐하면, 내가 보기에 이 폭발적인 유희의 성질 또한 우리가 십대와 연관 짓는 요소거든. 만일 유지하고 육성해야 할 저 주체적 성질에 관해 생각해야 한다면, 유희는 그중 하나가 분명해. 이건 초객체적 지형에 대한 스콰squat과 점거의 시대여야 해. 그것은 예를 들어 권력에 대해 진리를 말하는 것처럼 전형적인 문자 그대로의 정치적인 방식에서의 저항이 아니야. 그게 잘못되었다는 게 아니야. 그렇지만 난 권력에 대해 진리를 말하는 것이 우리의 초객체적 조건을 교란하기에 충분할지 의심스러울 뿐이지.

넌 이미 여기서 아주 심오한 걸 말했어. 우선, 저주체는 초객체를 따라 사는 방식이고 초객체를 따라 산다는 건 거기에 스쾃하는 거야. 사실 나는 사물로 있다는 것 자체가 놀이를 지원하는playful 것이라고 생각하고, 그래서 그런 방식으로 사는 게 더 정확할 거라고 생각해. 그리고 나는 상호의존성이 우리 모두가 정치적, 철학적, 정신적 수준에서 불완전한 장난감을 가진 위선자라는 점을 깨닫길 요구한다고 생각해. 디스코장의 EP 판처럼 함께 돌기를 기다리는 거지. 하지만 어찌 된 일인지, 지금까지 많은 환경주의자의 시도를 포함해서 여러 시도는 종종 매우 진지해져서 놀이를 폐지하려고 노력해 왔어. 그리고 소비주의를 폐지하고 싶은 이유는 정확히 그게 너무 향유에 관한 것, 너무 놀이에 관한 것이기 때문일 테지. 나는 그게 아주 큰 걸림돌이라고 생각해. 어제 내 수업에서 네 학과의 M이라는 학생이 와서 바타유에 관한 훌륭한 발표를 하고 갔어. 그건 정말 엄청났지. 걘 천재야.

특히 광란적 재활용의 필요성에 관해서. 내가 보기엔

이게 네가 말하고 있는 것이기도 한 거 같아. 냉철한 열성, 그리고 솔직히 말해서, 우리에게 주어진 저항 담론과 기구의 기술관료적 성격은 미래가 허망하다고 느끼게 해. 설령 그런 것들이 승리하더라도, 그런 세계에서 살고 싶어? 그런 세계는 지속 가능할지도 모르지만, 결국 벌거벗은 현존의 황량한 땅인 건 마찬가지인 거지. 그리고 여기서 난 여전히, 근대성과 자본주의를 거쳐야만 더 나은 곳에 다다를 수 있다는 맑스에게 골치 아픈 매력을 느끼고 있어. 진짜로, 100퍼센트 동의한다. 과거는 훌륭하지 않았어 — 주위를 둘러보기만 해, 그건 여전히 여기 있지. 원시적 조건으로 돌아갈 수는 없어. 원시주의 자체는 일종의 거짓된 낭만이야. 그러나 목적은 오히려 이 과정을 통해 어떻게든 살아남아 풍요로움과 놀이가 가능하면서도 행성과 다른 생명체를 파괴하지 않는 세계를 실현하려고 노력하는 것이겠지.

그렇지. 그리고 또한, 그 점을 감안할 때 우선 두 가지를 지적해야겠어. 특히 맑스에 관해서 말하자면, 생산이 예를 들어 포드주의나 인간공학이 말하는 것처럼 현존을 이어간다는 명목의 효율성이 아니라는 걸 잊지 말자. 생산은 쾌락이야. 그렇지? 그건 감각의 진화라고. 그건 복숭아를 먹고 있는 너야. 그리고 맑스, — 이 친구를 여기 두기로 하자고 — 더 큰 그림에서 볼 때, 내가 모든 관념과 존재자가 장난감이라고 말하고 있기에, 문제는 무엇이 실재적 장난감이냐는 게 아니야. 나머지 장난감을 지배하는 하나의 장난감에 관한 게 아니라는 거지. 문제는 좀 더… 우리가 어떤 장난감을 다른 장난감들에 맞출 것이냐는 거야. 그리고 이 것은 우리를 약간 리오타르주의자, 어떤 측면에서는 포스트모더니스트로 만들지. 하지만 난 그것마저도 좋아. 내가 실제로 이 기묘한 1971년대 나팔바지를 입고 있다는 점을 깨닫고 있다는 발상이 좋아. 그러나 이제는 "오, 모든 것은 단지 구성물일 뿐"이라는 방식이 아니라 일종의 생태학적 방식으로 입고 있지. 그리고 전자의 방식은 그 자체로 바로 그런 종류의 담론이 벗어나려고 하는 근대성의 증상이야. 그래서 우리는 어떻게든 포스트모더니즘을 취하고 있고, 맑스주의를 취하고 있고, 환경주의를 취하고 있어. 그리고 그것들보다 더 나은 것을 결정하는 대신, 사람들이 더 많은 장난감을 만들게끔 그것들을 작은 장난감들로 조립하고 있지.

그리고 어쩌면 장난감이 리좀보다 나을지도 모르는데, 장난감은 매우 고유하고 어떤 이유에서인지 이산적이거든. 장난감에는 비-장난감에 반대되는 더 좋은 내적 특성이 없어. 모든 것이 장난감이므로, 유동적이든 아니든, 조립될 수 있든 없든, 비-장난감이라는 건 없고 좋지도 않아. 왜냐하면 그런 사고는 여전히 "무언가가 다른 무언가보다 낫고, 무언가가 다른 무언가보다 실재적이야"라고 설정하는 거거든.

이건 좀 더 실천적인 건데, 마치 "사람들이 가지고 놀 수 있는 장난감을 만들자"라고 하는 것과 같고 우리가 지금 하고 있는 게 그거야. 그리고 "강렬한 공연이라는 명목하에 최대한 많은 다른 존재자를 포함하자"라는 거지. 나는 아까 세운 생산에 관한 요점과 연결하기 위해 이걸 말하는 거야. 우리는 이미 특정한 종류의 테일러주의, 포드주의 산업 기구와 단단히 결합되어 있는 장난감들을 많이 만들고 있어. 대량으로 판매되는 장난감의 그 무궁무진함, 모노폴리 게임뿐만 아니라 우리가 가지고 있고 함께 살고 싶어 하는 모든 인식론적 장난감들 말이야.

제발, 게임화^{gamification}를 외치지는 말자. 사람들을 게임의 승자와 패자로 전락시켜, 더 이상 자판을 치거나 회의를 하거나 아이디어를 내는 것이 아니라, 게임에서 성공하는 것에 따라 해고되거나 급여를 받을 수 있게 만드는 그 게임화 말이야.[3] 그리고 그것이 그런 의미에 있어서 게임이 기여하는 바야. 현 상태에 대한 지속적인 재투자 말이지. 그 견디기 힘든 현 상태 말이야. 이 특수한 신자유주의 모델은 장난감이 아니라 장난감 공장이라고 전해지지. 네가 공장을 장난감으로 만들어서 그걸 바꾸지 않는 한에서는, 원하는 모든 장난감을 가지고 놀 수 있는 거야.

우리가 여기서 강조해야 하는 것이 바로 이거야. 공장

---

3. 객체지향 존재론자이자 비디오게임 설계자인 이언 보고스트는 해리 프랭크퍼트의 짧은 논문 「개소리에 대하여」(On Bullshit)를 차용하여 게임화를 불쉿(bullshit)이라고 주장한 바 있다(프랭크퍼트는 불쉿은 진실과는 아무런 관련이 없다고 주장하는데, 그것은 오히려 은폐하기 위해, 인상을 주기 위해, 강요하기 위해 사용된다). 간단히 말해서, 게임화는 비디오게임이라는 야생의 탐나는 야수를 포획해서 이미 불쉿(bullshit)이 지배하는 황무지 같은 대기업에서 사용할 수 있도록 길들이기 위한 수단으로, 기업 컨설턴트들이 고안한 마케팅 불쉿이라는 것이다. 보고스트에 따르면, "게임화"라는 단어의 수사학적 힘은 엄청나며, 수백만 명의 관심을 사로잡은 신비롭고 마술 같은 강력한 매체인 게임을 현대 사업의 맥락에서 이용 가능하도록 만드는 것을 지향한다. 이러한 수사학적 힘은 "게임"(game)이 아닌 "~화"(-ification, 化)에서 비롯되는데, ~화는 단순하고 반복 가능하며 검증된 기술이나 장치를 포함하기 때문이다. 예를 들어 당신은 정화(purify)를 할 수도 있고, 미화(beautify)를 할 수도 있으며, 위조(falsify)를 할 수도 있다. https://bogost.com/writing/blog/gamification_is_bullshit/을 보라.

을 가장 넓은 의미에서의 장난감으로 바꾸는 거지. 지구 생태의 붕괴에 크게 기여해 온 산업 질서는 장난감처럼 취급되어야 해. 실험의 필요성에 관해서도 유사한 토론을 벌일 수 있어. 그렇지만 난 장난감이 명백히 근대 실험과학의 기구에 속하지 않기 때문에 장난감이라는 개념을 더 좋아해. 실제 기술자들에게 이건 진짜 문제인데, 왜냐하면 그들은 기업에서 급여를 받거든. 하지만 기업이 원하는 것을 만들기 위해서 그들은 많은 장난감을 만들어야 해. 그리고 기업은 이 장난감을 장난감이 아니라 자신들의 제품이라고 하지. 그건 기술자 입장에서 좀 짜증 나는 일이야. 그건 인문학자를 어떤 선두 주자나 아무도 믿지 않는 과학주의적 팩토이드factoid 4에 대한 어떠한 참조도 없이 그저 장난감 갖고 놀고 다니는 사람으로서 일축하는 게 단지 피상적인 놀이인 것과 같은 방식에서 짜증 나는 일이야. 그래서 한편으로 우리는 목적론적인 방식으로 장난감을 만드는데, 그 방식에서 장난감은 장난감이 아닌 것으로 끝나게 되

---

4. 팩토이드는 인쇄물에 출현하여 사실로서 여겨지는 가정이나 추측을 말한다. "근거가 없음에도 일반적으로 사실로 여겨지는 것"을 가리키기 위해 소설가 노먼 메일러(Norman Mailer)가 고안한 용어이다. 팩토이드는 때때로 맥락 없는 작고 고립된 사실 조각을 의미하기도 한다.

지. 아니면 우리는 공식적인 실재와 완전히 동떨어진 완전히 피상적인 방식으로 장난감을 만드는 거야.

해러웨이는 놀이에 관해서 비슷한 요지를 세워. 놀이가 완전히 기능화되지 않은 세계-내-존재 방식에 전념한다는 점을 토대로 그녀가 창발을 위한 날것의 기회작용으로서의 놀이에 관해 말할 때, 즉 비판을 위한 핵심적 동맹으로서의 놀이에 관해 말할 때 말이야.

정확해. 또 다른 대안으로서, 나는 디자인이나 공학계에서 빌린 원형prototype이라는 용어를 좋아해. 하지만 원형에는 좀 묵직함이 있지. 특히 그걸 청사진, 일종의 형식화되고 합리화된 계획 도구로 생각한다면 말이야. 실재적인 것의 방향을 가리킨다는 거지. 그런데 원형도 재밌을 수 있어. 그것은 짓궂은 것일 수 있어. 그것은 불확실하고 불완전한 것일 수 있어. 그리고 그런 면에서 원형은 좀 더 장난감-같은 거지. 독자 여러분, 이것이 우리가 이 책을 "인간-되기에 관해서"on becoming-human라고 부르는 이유라네 (웃음).

혹은 어쩌면 "인간-되기-무효화"un-becoming-human일지도 모르지. 우리는 거기에 추가적인 조항을 넣어야 할 수도 있겠어. 알다시피 이게 뭐가 되었든 이건 뭐 원형도 아니니까. 이 책을, 본받을 모델로 삼지는 말아줘. 아냐, 아냐. 이건 청사진이 아냐. 이것은 단지 한 쌍의 비뚤어지고 지적인 사람들이 장난감과 — 그리고 샐러드 — 그래, 샐러드, 그리고 다른 다양한 생명체를 가지고 노는 것일 뿐이야. 그러니까 어떤 면에서는, 이건 지도가 아냐. 이 기획은 지도가 아냐. 이건 뭐랄까 작은 영토, 그러니까 우리가 그 안에 ….

스쾃한 곳. 우리가 스쾃한 곳은 대략 2제곱인치이려나. 초객체 스쾃하기. 그것이 모두가 입어야 할 새로운 티셔츠라고 할 수 있지. 그 티셔츠는 제작되어야 해. 이거 서론이었던가? 만약 그렇다면, 나는 지금에야 우리가 서론을 전개하고 있음을 알아채기 시작했어. 불쾌하지는 않아. 맞아. 무언가가 일어나고 있어.

우리 둘 다 같은 초현실주의적이고 연합적인 기획을 개최하고 있는 걸지도 몰라. 내가 보기에 이건 초현실주의 기획이어야 해. 이건 초현실주의 기획이 아닐 수가 없어. 최고의 사람들과 기획들은 아무튼 모두 초현실주의적이야. 맞아. 이게 우리가 아이슬란드에 관해서 말할 게 많은 이유지. 우린 아이슬란드에 관해 말할 거야. 우린 상황주의자에 관해 얘기할 거야. 그 과정에서 다른 것들도 나타날 거라고 확신해. 그럴 거야. 그럴 거라네, 친애하는 독자 친구들.

저주체적 조건이라는 건 거대한 생성 잠재력을 가지고 있어. 그 점에 관해서 우린 확실히 동의해. 그래. 정리해 보자. 저주체적 조건은 비체적 조건으로서 경험될 수 있어. 그런 측면이 있지. 짓밟히고. 짓밟히다. 집어삼켜지다. 나는 그게 우리가 이용할 수 있는 비판적 담론이라고 생각해. 특히 환경주의 문헌과 생태학 문헌을 볼 때 말이야. 솔직히 말해 난 그 언어에 매우 공감하는데, 왜냐하면 나는 우리를 소비하는 일종의 포식자적 기구가 있다는 느낌을 이해하거든. 다른 한편, 이런 세계관이 우리가 포식자로부터 벗어날 수 있게끔 도와주기에 적합할까? 아니면 하다못해 그것을 더 잘 이해하기 위해서라도? 우리가 포식자로부터 벗어날 수 없다면, 적어도 그것이 무엇인지 알기 위해서?

그러니까 우리는 짓밟혔다는 느낌 ─ 짓밟혔다는 느낌의 정직성 ─ 에서 실제로 우리가 완전히 소비되지는 않았다는 것을 깨닫는 지점으로까지 나아가야 해. 우리는 실제로 이 초객체의 이빨에 매달려 있어. 우린 그 안에 있지. 인간으로 있음이라는 측면에서 우리가 곧 초객체야. 그리고 동시에, 우리가 그걸 알아차릴 수 있다는 사실 자체는 우리가 초객체가 아님을 가리키지. 그렇지. 그리고 그것에 관한 나의 헤겔주의적 요점은 이거야. 일단 네가 실제로 초객체 같은 것의 이름을 지을 수 있게 되면, 그것은 자신의 영향력을 잃기 시작한다는 거야. 왜냐하면 현존하는 것에 대한 깨달음의 전형적인 변증법적 순환에서 지식은 무언가가 구체화되는 과정의 초입이 아니라 구체화 과정의 끝자락에 이르러서야 성립되거든. 그래서 내가 보기에 우리가 초객체와 저주체를 식별할 수 있다는 사실은 그 자체로 희망적인 신호야. 초객체는 그림자 속에서 작용할 때 훨씬 효과적이거든. 우리가 초객체를 이름 짓기 전에, 실제로 그것을 초객체로 구상할 수 있는 최소한의 윤곽조차도 그려내지 못했을 때, 그때 그것은 가장 위험했어. 우리가 살고 있는 시대는 매혹적이고, 복잡하고, 그리고 희망적인 시대야. 신자유주의는 무너지고 있어. 또는 그것의 진리주장은 어느 정도 사라졌어. 그런데 우리는 그걸 대체할 또 다른 ~주의를 가지고 있지 않고, 그건 좋은 거야. 그것은 우리가 일종의 과도기에 있다는 걸 의미해. 지금은 장난감의 시대, 점거의 시대, 그리고 놀이를 지원하는playful 어떤 종류의 인식론적

초과의 시대야 — 또 다른 권력/지식 에피스테메가 우리를
빨아들이기 전인 거지.

그러니까 그 점을 이용하자. 네가 알다시피 나는 헤겔
에 관해 생각하는 바들이 있었어. 그중 몇 가지 생각을 들
어보자. 다양한 장난감 제작자를 불러와 보자. 기본적으
로 우리는 주체 또는 정신Geist이 초객체를 포착하고, 그러
므로 초객체는 존재하지 않는다고 말하는 게 아니야. 우리
는 가장 실재적인 것이, 그게 어떤 것이든 간에, 정신이라
고 말하고자 하는 게 아니고 정신이 일종의 빈 화면을 사
용하여 그 자신의 자기-인식을 조장한다고 말하고자 하
는 것도 아냐.

거의 그 반대지. 우리가 말하려는 건, 초객체란 원래, 우
리가 초객체를 더 많이 알수록 더 생생해지는 것이 당연한
그런거야. 그건 순수한 여건 축적일 따름이야. 그러나 동
시에 더 개방적이고 심오해지며, 따라서 놀이를 지원하는
playful 것이 될수록 우리의 … 그게 뭐였지? 우리가 주체성
이라고 부르는 것이 되지. 그걸 현존재라고 부를 수 있어.
그걸 내적 공간이라 부를 수 있지. 더 이상 통용되지 않는
이 단어들 말이야. 그래서 진화나 지구 온난화 같은 것들

의 생생함과 힘에 대한 지각이 증가하는 것, 그리고 여유 공간wiggle room에 관해 느껴진 감각 사이에는 실제로 일종의 비대칭이 있어. 그래서 우리는 "뭐, 우리는 아주 영리한 놈들이라 이걸 밝혀냈고, 그래서 이건 이제 아무런 효력이 없어"라고 말하지는 않을 거야. 정확히 말해서, 내 말은 초객체가 완전하고 총체적인 장악력을 가지고 있지는 않다는 거야. 그게 절대적으로 참이지.

이건 우리가 "이건 진짜야" 그리고 "우리는 이걸 다룰 수 있어" 같은 것을 동시에 말하고 있는 것에 더 가깝지. 이건 우리가 지구상에서 가장 강력한 존재자가 되는 또 다른 방법이 아니야. 오히려 이건, 우리 종species이 실제로는 약한 것과 마찬가지의 방식으로 우리가 약하다는 것을 알아차릴 수 있는 방법이지. 지금으로서는 멸종이 꽤 명백해. 그리고 우리가 그 멸종을 초래하고 있지. 그렇게 우리가 멸종될 수도 있다는 개념은 꽤 명확해졌어.

그러니 아무튼 초객체들은 유한한 것이야 ― 이게 초객체들에 관한 또 다른 측면이야. 초객체들은 실제로 무한한 어두운 감옥이 아니야. 초객체들은 사실 유한한 것, 장난감이고 단지 초~ 초~ 커다랄 뿐이야. 그래서 "오, 초객체들이 최고 수준이야" 또는 "초객체들은 악마적이고 본질적으로 끔찍한 거야"라고 생각하는 것과는 반대로, 초객체들을 가지고 노는 초~ 초~ 영리한 방법을 생각해야 해. 이게 네 요점인 것 같은데, 그렇지? 전조등에 사로잡힌 느낌은 그 정도까지밖에 나아가지 못해. 그러고 나서 무슨 일이 일어나지? 만약 이게 무슨 일이 일어나지 않는 척 가장하는 것에 관한 게 아니라면?

이건 애초에 이러한 초객체들을 초래한 초과성으로 되돌아가고 다시 초과성을 변조하면서, 우리의 희망처럼, 특정한 초객체들의 반복을 무효화할 수 있는 상태로 향하게 만드는 일에 관한 거야. 내 말은 그러니까, 초객체들이 여기에 머무를 개연성은 높아 — 내 생각엔 그게 네가 말하는 것의 일부라고 생각해 — , 그리고 아마 저주체들도 마찬가지겠지. 그러니까 이건 궁극적으로 부정을 추구하는 것에 관한 게 아니라 관계를 개작하는 것에 관한 거야. 난 저주체들의 일이란 바로, 우리가 살고 있는 것과 같은 초객체들의 세계에 거주하는 더 나은 방법을 찾는 것이라고 생각해. "더 나은"이라는 말은 분명 게으른 표현이야. 하지만 더 낫다는 건 느낌으로 알 수 있는 거지. 그리고 이걸로 충분하지 않다면 우린 도덕적이고 윤리적인 철학에 기댈 수 있어.

우선, 스콰팅이 주거보다 훨씬 더 흥미로워. 우린 스콰팅해야 해. 그리고 이동식mobile이어야 해. 이건 "현존하기"나 "거주하기"에 대한 비체적 단어이기도 하지. 실제로 경멸적이야. 그건 사람들이 남을 지칭할 때, 심지어는 그 남이 자기 자신일 때도, 그럴 때 사용하는 단어야. 있기. 스콰팅하기. 생각하기. 우리가 앞으로 이따금 언급할 사람들, 욘과 요가 그나르에 관해 이야기하면서 이 용어가 다시 떠올랐어. 욘과 다른 스툡stiob[5] 예술가들은 권위적인 담론, 권력의 언어, 국가의 언어가 거주하는 캐리커처를 만들었는데, 여기서 넌 그것들이 진실한지 아니면 어떤 아이러니한 행위인지 결코 확신할 수 없지. 나는 한 논문에서 그걸 권위적인 담론 내에 스콰팅하기로 기술했어. 우리가 스콰팅할 필요가 있는 또 다른 권위적 담론은 기후 변화, 기후 과학, 지구 온난화에 관한 담론이야. 이것도 우리가 놀이를 지원하는

---

5. 스툡는 아이러니의 한 형식으로, 자신이 겨냥하고 있는 대상이나 이데올로기와의 과잉 동일시를 통해 전개된다. 스툡는 그것이 겨냥하고 있는 대상을 진실하게 지지하는 것인지 미묘하게 조롱하는 것인지를 구분하기를 거부한다.

playful 방식으로 거주할 수 있는 담론이어야 해.

아이슬란드의 천재 희극인 욘 그나르의 〈최고당〉[6]과 같은 사건이 우리에게 가르쳐주는 것은 정치에 활력을 불어넣은 것이 놀이 그 자체였다는 거야. 그건 더 나은 논증이나 더 많은 수의 사실을 가지는 것에 관한 게 아니었단 말이지. 대신, 권위적인 전문가의 자리를 스쾃해서 배우처럼 연기하려는 누군가의 의지가, 너무도 오랫동안 목적을 벗어났던 정치적 영역으로 사람들이 돌아가고 싶게 만들었어.

또 다른 연관성은 이것이 법에 어떻게 작용하는지야. 왜냐하면 스쾃은 명백하게 불법인 것처럼 보이지만, 스쾃이란 모든 것의 조건이라는 주장을 우리는 하고 있는 거야. 내 뱃속에 스쾃하는 박테리아들이 있다는 걸 알잖아. 걔넨 심지어 집세도 안 내.

걔네 나한테 집세 안 내. 여러모로 내가 걔네한테 내고 있지. 때로는 안 좋은 경험을 시켜주고 말이야. 그리고 걔

---

6. 〈최고당〉(Best Party)은 아이슬란드의 정당으로, 2009년에 코미디언 욘 그나르가 창당했다. 〈최고당〉은 정치적인 관심을 끌기 위해 유머와 정치를 결합했고, 유머와 아이러니로써 정치적 결단에 관한 사람들의 이해를 증가시키고 사람들이 더 많은 관심을 가지도록 많은 노력을 기울였다.

네도 저주체야. 저주체는 너의 장에 있는 박테리아야. 저주체는 해러웨이의 온코마우스OncoMouse야. 저주체는 단지 인간에 관한 게 아냐. 내가 보기에 우린 그 점에 관해서 아주 명확해야 해. 저주체는 그저 인간적 조건이 아냐. 비록 인간이 그 조건에 참여하더라도 말이지. 맞아. 인류세는 최초의 진정으로 반인간중심주의적인 개념인데, 왜냐하면 그것은 네가 멸종할 수 있는 나약하고 유약한 존재자이며, 네가 아닌 다른 존재자들로 구성되어 있고, 너는 그러한 다른 존재자들과 공존하고 그것들과 완전히 관련되어 있다는 깨달음에서 태어났거든.

지구에 관해 이런 것들을 알고 있는 시대에 활동한다는 것의 딜레마에 대해 말하고 싶은 또 다른 점이 바로 이거야. 상호의존성으로 인해, 네가 만드는 윤리적·정치적 퍼즐에는 언제나 적어도 한 조각이 빠져 있거든. 다르게 말하자면, 토끼에게 친절하기 위해서 토끼 기생충에게는 친절하지 말아야 한다는 거야. 알겠지, 내 윤리적 관심, 내 정치적 기획에서 언제나 하나의 존재자가 배제되고 있어. 언제나 어떤 배제된 존재자가 있는데, 그건 정확히 이 회로에서 그 무엇도 배제될 수 없기 때문이야. 얼핏 보기에는 참 기묘한 입장이야. 나는 지금 내가 정말 좋아하지만, 사람들은 좋아하지 않는 것에 관해 생각하고 있는데, 왜 사람들이 좋아하지 않냐면 넌 그것을 좋아하지 말아야 하거든. 그건 "I <3 NY"를 설계한 사람이 발명한 또 다른 배지인데, "따뜻해져 가는 게 아니라 죽어가고 있는 거야"It's not warming it's dying가 새겨진 배지, 내가 가지고 있는 배지야.

그 배지는 검은색으로 되어 있어 ― 검게 뒤덮인 녹색의 대지가 있지. 그러곤 멋진 고딕체로 "오, 내가 배지를 달고 있다니, 식상해라"라는 말이 뒤따라. 그리고 사람들은 진보적이지만 인간중심적인 웹사이트에서 "아니, 죽어가는 게 아니라 우리가 이 종들을 죽이고 있는 거지, 그리고 넌 따뜻해져 가는 게 아니라고 말하면서 다시 온난화에 대한 신뢰를 무너뜨리고 있는 거고, 풉!"이라고 말하며 꼬투리를 잡겠지. 하지만 친구야, 요점은 이게 배지라는 거야. 이건 네 셔츠에 다는 거라고. 그러자 그건 즉각적으로 약간 식상해지지. 이건 "네가 지금 이걸 생각하지 않으면 너한텐 뭔가 문제가 있는 거야" 같은 끔찍하고 거창하며 대단한 게 아니라고. 이건 배지야. 그건 네가 상상할 수 있는 가장 보잘것없는 거지. 그래서 웃기게도, 이 배지를 다는 건 저주체성의 증표야. 그리고 그건 명백히 장난감이기도 하지.

그건 장난감이야. 그리고 그 관념은 아주 귀엽고, 뉴에 이지적이며, 그래서 흥미로워. 왜냐하면 그것은 어떤 학술적 관점으로부터 또다시 비뚤어지거든. 그건 충분히 많은 사람이 그러한 배지를 착용하면 모두가 지구에 관심을 갖기 시작할 것이라는 백 번째 원숭이 관념7이야. 그런 관념은 매력적이며 심지어는 참일 수도 있지. 여기서 끝낼까? 그럼 다음 점심시간에 계속할게?

코다

그런데 매우 실제적인 의미에서, 어중간하게 설렁설렁 말하는 것이 바로 이 기획의 핵심적 내용 아닐까? 정확해. 바로 그거야. 미친놈이 자기 녹음기에 대고 말하는 것처럼, 아주 복고적인 이 방식도 그렇지. 소리 내어 생각하기. 이 식당에 있는 사람들은 이러겠지. "쟤네 도대체 뭐 하는 거

---

7. 백 번째 원숭이 효과란, 한 집단에서 새로운 방식의 생활 형태가 나타나고 그것이 임계치(즉, 100마리)를 넘기게 되었을 때 다른 장소의 다른 집단에도 그 생활 방식이 나타난다는 가설이다.

야?" "아, 그냥 자기들 일 하는 거구나. 그냥 자기들의 저주
체적 현존을 누리고 있는 거야…."

II OOO, 현존재, 바나나들, 현상학,
아동도서들, 우주영화들,
혁명적 하부구조, 미시-모험자들

시작. 다시 시작. 저주체들. 그럼 객체지향 존재론object-oriented ontology(이하 OOO)에 관해서, 그리고 거기서의 주체의 자리에 관해서 좀 더 들어보자. 우리가 저주체에 관해 이야기하고자 할 때, 그건 OOO의 작업과 연결되는 거야, 아니면 새로운 궤도에 있는 거야? 그리고 두 번째로, 우리는 저주체를 현상학과 연결할 수 있어? 현상학적 전통에서 주체는 언제나 현재하지. 그 필연적 자아가 말이야.

그렇다면 첫 번째 문제는 OOO와 그것의 주체 개념이야. 내 생각에 OOO는 나, 즉 일종의 추정적이거나 휴면 상태이거나 혹은 표상적일 수 있는 것, 혹은 "주체"의 질 안 좋은 복사, 대리, 혹은 우스꽝스러운 패러디인 내가 사물에 관해서 생각하고 말할 때 하는 일과 콤부차 한 병이 탁자에 놓여 있을 때 하는 일 사이에는 차이가 별로 없을 거라고 말할 거야. 콤부차도 모기도 저주체이고 어째서인지 생태학, 정치적 현명함은 다른 모든 저주체와 함께 작아지는 것에 관한 거야. 그건 직관적인 연결이지. 그리고 여기서 그레이엄 하먼은 반감을 가질 수도 있겠지만, 하먼이 그렇지 않을 것이라고 나는 확신해(계속 읽어 봐).

퀑탱 메이야수는 최근에 하먼의 견해가 "주체화주

의"subjectalism라며 비난했어. 요컨대, 우리 모두가 주체는 죽은 물질에 붙은 외인성 장식이라는 것을 알고 있다는 거고, 그게 메이야수의 요점인 거지. 그러니까 모든 게 주체라고 말하고 다니는 게 하먼이 하고 있는 거라는 거지.

그리고 라투르주의적 움직임도 그렇지. 하먼은 이에 관해 우려하지만, 난 딱히 걱정 안 돼. 작년에 나는 로테르담에서 한 하이데거주의자와 이야기를 나눴어. 그는 말했지, "아, 그러니까 당신은 기본적으로 모든 것이 현존재를 가지고 있다는 말이군요." 반면에 하먼의 경우를 보면, 현존재는 너무 약한 범주여서 마치 그 무엇도 현존재를 가지고 있지 않은 것만 같아. 내가 보기에 현존재는 약하고 그래서 병뚜껑도 그걸 가지고 있는 거야. 하먼이 우려하는 또 다른 점은 범심론, 즉 모든 것이 영혼이나 그런 것을 가지고 있다는 사상이야. 나는 그 점이 그렇게 껄끄럽지 않아. 나는 우리가 하는 일이 일종의 디즈니 버전의 물활론처럼 보인다고 생각하지 않아.

하먼도 메이야수의 이의가 별거 아니라는 점에 대해서 나와 동의할 거란 걸 알아. 메이야수의 주장처럼 하먼이 모든 것은 "주체"라고 말하고 있다면, 그 "주체"는 인간중심주의적이거나 가부장적이거나 인종차별주의적인 요소가 전혀 없는 이빨 빠진 호랑이이며, 그리고 그것은 온전한 개념으로서의 주체가 의미를 가지기 위한 이데올로기적 조건에서 볼 때는 전혀 주체가 아니라는 것을 의미하지. 그런 초월론적 존재자라고 추정되는 건 특히 백인 소년들의 머리 위에서 항상 후광처럼 맴돌고 있는 것 같아.

만약 네가 이 시시한 "주체"를 모든 것 위를 맴돌게 그대로 둔다면, 그것은 후광으로 있기를 멈추고 단지 존재자가 언제나 자기 자신으로부터 시간적으로 변위displaced되는 방식이 되지(하이데거의 용어로 소위 "탈–자적"ek-static 존재자라고 불리는 거 말이야). 그것은 존재자의 그림자, 비행기운, 뒤샹의 [작품 이름인] 계단을–내려가는–나부 성질이 되는 거야. 그건 유령이야. 다시 말해서, 방금 주체에 관한 OOO의 이론이 주체를 소외하지 않는 이론이라는 증거를 세계에 제시해 줘서 고마워, 메이야수. 주체 그 자체는 소외되었어. 그게 여기서 중요한 거지. 저주체는 어떤 면에서 자신이 내적으로 소외되지 않은 것이라고 말할 수 있는 누군가인데, 저주체가 밑바닥에 있어서 완전히 백인 소년이거나 유리로 만들어진 백인 소년(투명 소년)이기 때문이 아니라, 저주체는 자신이 바나나의 본질과 같은 부류의 본질을 가지고 있다는 것을 알고 있기 때문이야.

바나나가 무엇이냐면, 혹은 이런 표현이 더 좋다면 바나나의 "본질"은 무엇이냐면, 바나나 여건의 결코-도래하지-않는 미래성이야. 여건data은 과거야(그 의미 자체가 단어 속에 있어, data는 [라틴어 dare]의 과거분사형이야). 사물의 형상, 사물의 여건은 그 사물에 일어난 일이야. 새우 샌드위치는 어떤 새우에게 일어난 일이지. 내 얼굴은 열아홉 살 때 생긴 여드름의 지도이고. 그렇지만 이 새우 샌드위치는 뭐야? 이 얼굴은 다 뭐에 관한 거야? 결국 바나나는 뭐야?

생각해 봐. 바나나를 베어 물면 바나나-한-입을 얻지. 바나나를 핥으면 바나나-한-번-핥기를 얻지. 바나나에 관해 생각하면 바나나-사고를 얻지. 바나나를 그리면 바나나-그림을 얻지. 바나나가 감각적이게 되어 [미국의 텔레비전 토크쇼인] 〈오프라 윈프리 쇼〉에 나가서 말을 하기 시작하면 ─ "저는 『저주체』의 저자들이 바나나에 관해 말한 단락에 있는 저 자신을 발견했죠 … 그건 트라우마적인 자아 각성이었어요 …" ─ 바나나-인터뷰가 있을 뿐이야. 심지어는 바나나 스스로조차도 바나나적 바나나에 온전히 접근하지 못하는 거야. 그리고 핥는다는 행위는 바나나적 바나나에 접근하고 있다는 생각만큼 좋거나 나쁘기 때문에, 달팽이와 허리케인은 인간만큼 좋거나 나쁜 거지. 인간에게는 전혀 특별할 것이 없어.

이건 허리케인이 인간과 동일한 권리를 가지고 있다는 것을 의미하는 게 아니란 점에 유의해. 허리케인들이 우리의 현존재 또한 매우 약하다고 생각한다고 의심하는 사람이 있을지라도 말이야. 그건 정치적으로 대단히 해방적인 freeing 사고방식이야. 그건 네가 형이상학에 호소하지 않고도 자유롭게 정치적 제휴를 맺을 수 있다는 뜻이거든. 여우원숭이와 연대성을 다지기 위해 여우원숭이가 자아-개념을 가지고 있거나 [열대어의 한 종류인] 에인절피시가 똑똑하다는 것을 증명할 필요가 없어. 그냥 시작하자고!

바나나가 아주 많네. 그것을 부정적인 헤겔의 말에 머무는 것으로 번역하고 싶다면, 마음대로 해!

저주체와 객체라는 단어에 한 가지 공통적으로 내적인 것은, 그 두 단어가, 아리스토텔레스에게서 유래한, 문제의 일부일 수 있는 용어들을 함의한다는 거야. 이 조작 가능한 덩어리 대vs 조작자라는 관념 말이지. 그래서 그걸 어떻게 초월할 거야? 모든 것은 그저 하나인가? 그건 하나의 해결책이지. 아니면, 객체나 주체는 없고 단지 물질만 있는 걸까? 아니면, 이건 모든 것에 적용되는 역사적 유물론이나 푸코주의에 가까운 걸 텐데, 나에게 구애받지 않는 사물들 사이의 관계성과 그 사물들과 나와의 관계성이 실제로 세계를 돌아가게 하는 것일까? 주제/객체 이원론을 없애기 위해 모든 것을 하나로 만들 필요는 없어. 대신, 우리는 우주의 모든 곳에 일종의 이원성이 있다고 말할 수 있지. 그게 간결하고 직관적인 내 응답이야.

우린 후설에 관해서도 얘기해야 해. 주체가 의미하는 바를 탈초월론화하기 위해 후설은 매우 중요해. 하먼은 이걸 객체지향 관념론이라 부르지. 다른 말로 하자면, 넌 이 샐러드에 관해 생각하고 있어. 거기 있는 샐러드는 지향적 객체[대상]야. 다른 말로 하자면, 샐러드는 그 샐러드가 아니야. 그건 네 마음속의 샐러드인 거지. 그래서 넌 샐러드 양태에서 생각하고 있거나 샐러드 색으로 생각하고 있어 — 샐러드적으로 생각하는 거지. 물론 넌 샐러드적으로 희망할 수 있고, 샐러드적으로 약속할 수 있고, 샐러드적으로 증오할 수 있어. 모든 것, 모든 관념은 그것을 향한 태도로 수축 포장된다는 것이 헤겔의 기본 요지야. 그리고 어떤 방식으로는 이러한 관념들 역시 "객체", 혹은 사실상 저주체야. 그것들은 차라리 밈 같은 존재자인데, 그것들은 어떤 의미에서는 살아 있고 내 머릿속에서 자유롭게 돌아다니며, 나는 그것들을 재생산하고 그것들을 위한 벡터가 되거든. 생각하거나 상정하는 주체가 이 모든 것을 가능하게 하고 있다는 것, 이 모든 것을 일종의 특권적인 장소에서 실재적인 것으로 만들고 있다는 관념을 감산하면 하나에서 다른 하나로, 즉 후설에서 OOO적인 것으로 이동하는 걸 볼 수 있어. 그래서 넌 데리다를 말할 수 있고 푸코도 말할 수 있어. 단, 아주 비틀리고 수정된 실재론으로서 말이야.

그런 점에서 OOO는 현대의 인식론적 조건에 대한 훌륭한 진단이라 할 수 있지. 그뿐만 아니라, 나는 OOO 안에는 고유의 뿌리 깊은 현상학적 기반이 있다고 상정해. 한편으로, 그건 경험적 유동과 흐름을 통해 통합된 자아라는, 개체화된 후설주의적인 의미에 필연적으로 기반하고 있어. 그런데 다른 한편으로 자아들과 그들 사이의 네트워크를 고려하게 하는 좀 더 인류학적이고 사회학적으로 굴절된 현상학적 전통의 의미에서도 그래. 그리고 심지어는 후설 자신도 비인간 자아의 가능성을 인정했지. 그래서 객체지향적인 이상적 네트워크는 인간과 비인간이 서로에게 흘러 들어가는 것으로 가득 차 있어. 이것은 어떤 누군가가 "생태현상학"ecophenomenology에 관해 이야기하기 훨씬 이전의 일이지. 그래서 나는 모든 현상학이 그 핵심에 있어서 실제로 생태현상학이라는 생각이 들어.

이에 대한 보완으로서 우리가 언급할 수 있는 책은 『숲은 생각한다』[1]야. 난 방금 그 책을 읽었어. 라투르가 읽어보라고 했지. 라투르는 그 책에 관해 매우 분명하게 열정적이었어. 나는 이 책이 어느 정도까지 우리를 포스트-레비-스트로스로 밀어붙이는지가 궁금한 것이 아니라 그것이 우리를 얼마만큼 전-레비-스트로스로 되돌리는지가 궁금해. 다른 말로 하자면, 그는 자연과의 즉각적인 접촉이라는 것을 위해 쓸데없이 시간을 낭비하고 있는 게 아닐까? 그리고 이런 것에 관해서는 다소 무서운 점들이 있지

---

1. 에두아르도 콘, 『숲은 생각한다』, 차은정 옮김, 사월의책, 2018.

않을까? 달리 말하면, 나는 지표적indexically으로 소통하는 사물들의 네트워크라는 관념을 아주 좋아해. 물론 나는 지표화되지 않고도 사물들이 소통을 할 수 있는 방법이 있다고 생각하지만 말이야. 그런데 그의 예시 중 일부는 실제로 지표적이지 않고, 그것보다 훨씬 더 직설적으로 물리적이야. 참고로 난 그런 발상은 좋아.

내가 보기에 문제는 이 책이 생명/비생명 경계를 매우 단단하게 정의하는 데 있어. 그것은 네가 바닥에 등을 대고 누워 있고 네 얼굴이 위를 향하고 있어서 재규어가 너를 죽이지 않으려는 상황과 네가 옆으로 누워있거나 엎드려 누워 있고 너는 객체이기 때문에 재규어가 너를 죽이려고 하는 상황의 차이야. 그러니 내가 주체라는 것을 너에게 증명하려면 나는 항상 너와 눈을 마주치고 있어야 해. 즉, 내가 눈을 마주치지 않자마자 너는 나를 아감벤의 벌거벗은 생명bare life처럼 대할 수 있다는 거지. 나는 어떤 순간에도 홀로코스트 희생자가 될 수 있다는 거야. 콘의 저작을 처음 접하는 건 정말 즐거운 일이었어. 그 당시에는 숲이 어떻게 생각하느냐가 아니라 개들이 어떻게 꿈을 꾸느냐가 문제였지. 나는 그의 이야기가 끝난 후에 그에게 던

졌던 질문을 아직도 기억해. "이 생명의 인류학 전체가 그 자체로 인간 지식의 기획이라는 사실을 어떻게 설명하시는 지요?"

이 설명의 어느 지점에서 그 매개성이 수면 위로 드러나고 문제시될까? 너는 무매개성에 관해 말하고 있을 따름이었고 그건 그 당시 나의 관심사이기도 했어. 철학적이든 정치적이든 상관없이, 무매개성은 종종 자연주의를 생성하며 그것의 존재론적 신념을 안정화시키지. 그 자연주의는 우연성, 역사성 등 무엇이 되었든 스스로 예방접종해. 이것은 콘을 정치적 본질주의와 동일시하는 것이 아니라, 반짝반짝 빛나는 눈으로 생명을 포용하는 것 자체가 자체의 회로와 자체의 충만함을 가지고 있어서, 자신의 가능성의 정치적 조건이 자기 자신을 마비시킬 수 있다고 말하는 거야. 어떤 면에서는 베스 포비넬리가 『지리존재론』*Geontologies*에서 이야기하는 것과 같은 맥락이지. 이것이 아마도 포스트휴머니즘 문헌이 종종 정치적으로 무관심하다는 ─ 나는 필연적으로 그렇다고는 생각하지 않지만 ─ 공격을 받는 이유일 거야. 그런 공격을 받는 이유는 바로, 대부분의 이론과 마찬가지로 포스트휴머니즘 문헌이 다음의 성찰적인 의문을 제기하는 것에서 문제를 지니고 있기 때문이야 ─ 어떤 상황 아래에서 이런 기획이 인식론적으로 직관적이고 생성적이게 되느냐는 질문이지.

그리고 우리가 초객체와 저주체 같은 개념을 통해 수면 위로 드러내고자 하는 것은 단지 사유의 계보만이 아니야. 나는 위대한 사상가들이 수 세기에 걸쳐 서로에게 위대한 관념을 전수한다는 모델에 회의적이야 ─ 나는 단 한 번도 그것이 진실이라고 생각한 적이 없지. 대신에 이러한 개념들, "초객체" 또는 "생명의 인류학" 또는 그 문제에 관한 다른 모든 것은 특수한 시기, 특수한 환경, 하나의 생태학, 하나의 자아론 ─ 여기에서 다시 현상학적 사유노선을 볼 수 있지 ─ 에 뿌리를 두고 있어. 이 모든 조건은 오직 그때만 개념적으로 동원될 수 있는 내구성 있는 인식론적 직관을 소환하지. 내 의문은 어째서 특수한 개념이 특정한 맥락과 특정한 시간에 유포되는지에 관한 거야. 예를 들어,『초객체』에서 지구 온난화와 인류세가 우리의 사유를 재구성하는 조건임을 알게 되었어. 누군가는 거기에 자연/문화의 구별을 진정으로 없애버리는 합성생물학의 출현이나 사실상 모든 것을 무효로 만들 수 있는 핵무기 같은 조건을 추가할 수도 있어. 내 요점은 새로운 개념을 생성하는 것이 의지나 통찰력의 문제가 아니라, 새로운 힘과 조건이 더해지고 그것이 일정 지점에서 개념으로서 구체화되는 것의 문제라는 거야. 이 순간의 흥미진진한 점은 너무나 많은 새로운 힘과 조건이 생겨나고 그건 놀라우리만큼 인식론적으로 생성적이라는 거야.

나는 지금 반-인간중심주의적인 기획에 붙은 모든 긍정적이고 활력적인 지적 에너지를 염두에 두고 있어. 우리는 부정을 통해 이 실재를 이해하게 되지. 그리고 이후 부정은 확산해서 북부 철학의 시대정신-수준 또는 에피스테메-수준의 전환에 다다르지. 창조적 기획, 정치적 기획, 관계론적 기획 등 인류세의 종말이나 새로운 궤적을 추구하는 모든 기획을 지원하는 한, 그건 좋은 일일 거야.

의심의 여지가 없지. 저주체와 같은 개념은 또한 생명정치학과 관련하여 무언가를 해결할 수 있을지도 몰라. 숲이 저주체라는 관점에서, 나는 네가 숲을 보존하도록 숲이 살아 있다는 걸 증명할 필요가 없어. 난 "살아 있는 것은 베어서는 안 된다는 걸 의미하고, 죽어있는 것은 아무렴 베어도 된다는 걸 의미한다"라고 말할 필요가 없단 말이지.

다른 말로 하자면, 저주체는 사실상 살아 있거나 죽어있는 것으로 정의될 수 없을지도 몰라. 지금 이 모든 것을 혼란으로 밀어넣는 — 결국에는 생명정치적인 — 논증과 장치를 방지하는 총체적인 범주 전환이 있어. 만약 숲이 다른 저주체들로 만들어진 저주체라면 말이야 — 예를 들어 결혼처럼 말인데, 너도 알다시피 미국 세법은 결혼한 부부를 1.5명으로 취급하는 현명함을 보이잖아. 전체는 사실 부분의 합보다 작은 거거든.

개구리가 자신의 부분의 합보다 작다는 것은 언제나 참이야. 이것은 저주체의 집합론에 관한 깔끔한 정의일 거야. 저주체는 자신의 부분의 합보다 작은 존재자라는 거지. 그러나 에두아르도 콘에 관한 얘기로 돌아가자면, 난 이런 규칙을 가지고 있는데, 난 절대 사람들을 추종하지 않고 단지 사람들 안에 있는 사유를 사용해서 확장시키지 … 바로 그거야! 누가 가장 좋은 개념을 가지고 있는지 논쟁하는 데 우리의 에너지를 쏟고 싶겠어? 내가 보기에 그러기엔 상황이 너무 급박한 것 같아. 개념을 두고 투덕거리는 것은 홀로세에 우리가 부렸던 사치였어.

에두아르도 콘은 많은 학자에게 숲이 어떻게 살아 있

을 수 있는지에 관해 생각하게 만들면서 아주 흥미로운 작업을 보여주었어. 한때 일요일 오후의 공상에 그쳤던 숲의 생명 말이지. 그러니 그는 잘한 거야. 그러나 나는 사유 노선을, 즉 우리의 사고방식이 무엇인지를 명확히 한다는 목적으로 콘의 작업에 대한 비평에 착수하는 것은 문제가 없다고 생각해. 그건 누가 더 좋거나 나쁜 게 아니라, 우리가 있는 곳과는 파장이 다른 것 같아, 그저 다를 뿐이지.

내가 욘 그나르와의 인터뷰를 본 적이 있다고 언급했던가? 크레이그 퍼거슨과 한 인터뷰였던 것 같은데? 토크쇼 진행자 말이야. 그 짜증 나는 역사가, 니얼 퍼거슨 말고. 〈더 레이트 레이트 쇼〉[2]였을 거야? 맞아. 욘은 다소 거침없었고, 그의 훨씬 더 오묘한 유머는 언제나 마지막에 가서 반드시 쇼 게스트의 한 수 위를 달리고 싶어 하는 토크쇼 진행자에 의해 약간 짓밟혔어. 그럼에도 불구하고, 욘은 정말 환상적인 걸 말했는데, 이런 거였어. "포유동물이 공룡의 소행성에서 어떻게 살아남았었는지 기억나세요?

---

2. 욘 그나르는 2014년 〈더 레이트 레이트 쇼〉에 출연해 인터뷰를 했다. https://www.youtube.com/watch?v=DNQX4gf8DUs에서 영상을 볼 수 있다.

포유동물은 정말 작았거든요. 그리고 기어다녔죠." 와우, 바로 연결되네.

틀림없어. 그리고 그런 의미에서 이 책을 가져왔어. (그들 사이에 그 책이 놓인다.) 이 책에 관해 얘기해 보자. 이건 데이비드 스미스가 쓰고 스티브 애덤스가 일러스트레이터를 담당한 '만약에'If 시리즈 중 한 권이야. 그리고 또 하나 『작은 생명체: 미생물의 놀라운 세계』가 있지만 책장에서 찾을 수 없었어. 하지만 이건 초보자를 위해서는 이것으로 충분할 거야. 왜냐하면 이 책은 거의 모든 연령대를 위한 아동도서거든. 그리고 보다시피 일종의 [영국 아동도서 작가] 얀 피엔코브스키-같은 실루엣, 지도처럼 보이는 작고 기발한 삽화들이 있어. 삽화들은 약간 고딕 양식의 성질을 가지고 있지. 그리고 아주 평범하다는 것을 볼 수 있어. 그는 연필을 사용하고 있고 추측건대 ─ 뭐더라? [수용성의 아라비아고무를 섞은 불투명한 수채물감] 구아슈는 아닌 거 같은데. 문지르는 다른 건데….

파스텔? 그래, 파스텔. 그리고 그는 "만약에 은하계를 접시만 한 크기로 줄여 본다면 우리 태양계 전체는 이 먼지 한 점보다 작아서 볼 수도 없을 것입니다"와 같은 식으로 접시를 사용하고 있어. 내가 이 책을 가져온 이유는 이 책이, 인간이 여러 비인간 규모를 소화하는 방식에 대한 증상의 하나로서 나에게 충격을 주었기 때문이야. 인터넷이나 자연과학 박물관 지하에서 볼 수 있는 수많은 장난감을 보면, 플랑크 길이[3]에서 우주 규모까지 몇 초 만에 넘나들 수 있지.

여기에는 "나는 웃고 있거나 겁먹은 채로 우주 밖에 있어"라고 말하는 것 같은 일종의 과학주의적인 성질이 있어. 이 과학주의적 성질은 정치적으로 매우 낙담시키는 것인 동시에 총체적 권력의 느낌을 주지. [애플사의 음악 및 동영상 애플리케이션] 아이튠즈에서 단 한 번의 빠른 클릭으로 말러의 교향곡을 들을 수 있는 것처럼 말이야. 물론 그걸 실제로 들으면 통렬하게 강력하고 감정을 촉발하지만, 넌 클릭 한 번으로 그걸 끌 수 있어. 그런데 이 책에 있는 아이들을 위한 삽화들은 친근하면서도 불편해. 아이와 부모가 비인간 규모를 이해하고 경탄할 수 있도록 그려진 거

---

3. 물리학에서 측정 가능하고 의미 있는 최소 길이 단위 중 하나로, 이 단위 이하에서는 현재의 물리학 이론으로 물리적 현상을 제대로 설명할 수 없다고 여겨진다.

지. 그리고 난 지금 이런 점이 흥미롭다고 생각이 드는데, 왜냐하면 네가 말하는 관계성의 관점에서 보면, 이것은 저 주체 같이 행동하는 인간이거든. 그들은 아동도서를 만들고 있어. 아동도서는 들뢰즈주의적 의미에서의 소수적 장르야. 어른들의 책에서는 금기시되는 말들을 아동도서에서는 할 수 있거든. 그리고 여기 담긴 정보 중 일부는 그저 눈이 부시지. 나는 그것들이 선전이라고 말하고 싶지는 않아. 진짜 진짜 수동적인 어린이 모델을 받아들일 때나 아동도서에 관해 그렇게 말할 수 있을 거야 — .

그것들이 언제나 어떤 방식으로 교육학적이라고도 하지. 그런데 여기에는 심오하게 비교육학적인 측면이 분명히 있어. 우리는 "시간을 거친 발명"이라는 제목이 붙은 이 페이지를 보고 있는데, 여기에는 마치 파spring onion처럼 보이는 소용돌이치는 무언가가 있고, 거기에 컴퓨터, 노트북, 바퀴 등 여러 가지가 매달려 있어. 그리고 이 모든 것들은 인류의 발명품이지. 인류 역사를 불까지 거슬러 올라가 보는 것이고, 오늘날 여기서 어떻게 이런 폭발이 일어났는지를 보는 거야. 물론 너는 여기서 정보를 얻고 있지만, 그러나 여기에는 일종의 완전한 비기능적 교란 또한 일어나고 있어. 뭔가가 묘하게 키치적kitschy이야. 그건 공식적으로 이상한 게 아니야. 난 이게 놀라웠어. 이건 "지구 생명의 역사"인데, 기본적으로 박테리아가 있고 그다음에 공백, 공백, 공백이 있은 후에 그리고 갑자기 캄브리아기 대폭발이 일어나. 펑! 마치 이전에는 아무것도 없었던 것처럼 공백이 있지. 정말 놀라워.

저기 있는 축소 모형 장난감scale toy을 사용한다고 해도 볼 수 없을 무언가이지. 축소 모형 장난감들은 마치 '우주-플랑크-우주-플랑크'를 보여줄 수 있을 정도로 남성성을 과시하기에 좋아. 하지만 중간을 좀 더 살펴보면, 그곳에는 수많은 세밀한 층과 언제나 있었던 수많은 저주제가 있어. 축소 모형 장난감들로는 그것들을 제대로 표현할수 없지. 적어도 나는 그래. 자연과학 박물관에서 산 진부한 책에서는 이런 내용이 나사NASA에서 찍은 현란한 사진들의 형태로 제시되고, 즉시 과학주의적 소외가 다시 일어날 수 있다는 걸 알겠지. 반면에 여기엔 다른 종들이 있어. 여기에는 실루엣들, 피엔코브스키 고딕 형태의 실루엣들이 있고, 그리고 실루엣 같은 그런 존재자들, 그리고 실루엣들이 그로부터 튀어나오는 그 나무가 있지. 모든 생명이 한 그루의 나무라고 한다면, 이것들은 동물일 것이고 저것들은 곰팡이류일 것임을 보면 알 수 있지. 이렇게 많은 원생동물의 종이 있다니. 그리고 그게 놀라운 이유는 몇 페이지 전에 그것들이 이 엄청난 공백의 대양에 현존했기 때문이야. 아주 오랫동안 스스로 말이야.

그리고 그것은 네게 어지러운 느낌을 줄 테지만, 어디까지나 평범한 가정용 객체[가정용품]를 통해서 줄 거야. 그러니까 평범한 객체가 낯익음 대신 어지러움을 불러일으키기 시작한다는 거지. 아무튼 난 그게 정말 멋지다는 생각이 들더라고. 스칼라 기이함scalar uncanny의 일종이지. 그리고 우리 둘 다 지난번에 십 대나 십 대 문학이야말로 희망을 찾을 수 있는 장소가 될 수도 있다고 생각했어. 아직 그것에 관한 숙제는 못 했어. 나는 여전히 이 아동도서와 씨름하고 있어. 우리 집에 있는 십 대 덕에 내가 거기서 일어나는 일에 더 민감해진 것일 수도 있지만, 『헝거 게임』이나 『진격의 거인』 같은 것들은 그 자체로 대중문화 현상이 되었어. 그 두 가지에 관해 더 할 말이 있어. 그렇지만 '만약에'라는 시리즈는 정말 효과적이라고 말하고 싶어. 그 책들의 디자인과 이러한 유형의 프로젝트가 갖는 의도는 잠시

제쳐두고 말하자면, 그것이 어지럽고 불안한 차원의 규모를 탐구하는 방법은 정말 효과적이고 감동적이야. 그것은 수용coming-to-terms-with의 찰나를 말해. 책의 디자이너/제작자/작가에 대해, 이 책을 읽는 아이와 아이에게 읽어주는 부모에 대해 말이지. 그것은 우리가 살아가고 있는 초객체적이고 저주체적인 세계에 새로운 일련의 미적 기관을 도입하려는 매우 부드러운 방법이야.

물론 모든 가정용 객체는 수십억 년의 진화와 산업, 자본 같은 전 지구적 규모의 문제가 낳은 산물이야. 너도 알다시피, 그것은 평범하고 지루하지만 데이비드 하비의 네-아침-식사는-어디에서-유래했을까 같은 매우 실제적인 부류의 의문인 거지. 그래서 이 책을 읽으면서 그냥 '우와'라는 생각이 들었어. 이건 시리즈에서 내가 본 첫 번째 책이지만, 여러 권이 나올 거라고 장담해. 아주 솔직하고 겸손해. 그건 정치 담론이나 경제 담론의 탈소재성dislocatedness을 반영해. 그러나 그것들은 정확히 자신들의 취약성과 단순성을 드러내지 못하는 진리-만들기 기계의 유형들이야. 그것들은 항상 은폐되어 있어야 해.

여기 이 부분 좀 봐, 물의 정치학 전체가 여기 있잖아!

아동도서에서 그런 건 처음 봐. '동물 보호'에 관한 온갖 것이 있지만 이런 건 본 적이 없어 — 그리고 이 점도 훌륭해. 여기에 거인의 상과 저주체의 상이 있기 때문에….

맞아! 끼어들어서 미안해. 우리가 이야기하고 있는 것과 정말 관련이 있어서 그래. 이 웨이터, 그도 너를 휩쓸고 있는 더 거대한 기업 기계의 일부야. 웃는 얼굴을 하고서 말이야. 완벽해. 아주 오묘해. 이 이미지 하나만으로도 초객체가 어떻게 거대한 웨이터라는 단일한 단면적 형태와 물컵의 무한대라는 복수의 다면적 형태를 동시에 갖추고 있는지를 보여주고 있어. 웨이터와 물컵은 서로 대비를 이루며 서 있지만, 여기 줄에 거의 꼭두각시처럼 매달려 있는 작은 아이들과도 대비를 이루고 있어. 우리가 지난 시간에 말했듯이, 초객체, 혹은 초객체에 대한 재인식은 그것과 병행해서 저주체에 대한 재인식을 필요로 해. 그것들은 관계 형식으로 현존해. 그리고 그것들은 놀고 있지. 그것들은 간신히 목숨을 부지하며 매달려 있을 수도 있지만, 어쩌면 그 밧줄을 사용해 주변과 교섭하거나 어쩌면, 주변을 전복시키고 있는 것일 수도 있어.

놀이라는 말이 끊임없이 나타난다는 건 이 순간이 단

지 우리가 구상할 수 있는 가장 어두운 이미지와 개념에 관한 것이 아님을 시사해. 저주체성은 자본이 되었든 지구 온난화가 되었든 간에 어떤 포식적인 힘에 쫓기고 있는 상황이라는 것을 의미할 필요는 없어. 오히려, 저주체들을 재인식함으로써 ─ 적어도 저주체 생태계의 인간적 측면에서는 ─ 그것은 이제 우리 인간이 이분화되는 것이 무엇을 의미하는지를 질문할 수 있는 여지를 만들어줘. 한편으로, 전 지구적인 것을 열망하는 모든 이를 전형적으로 보여주는 초주체적 거인 형태, 문자 그대로 산업과 근대성의 거인들이 있어. 그리고 우리는 이제 우리의 거인 형태가 행성 멸종을 가속하기 위한 특수 경로, 즉 네가 소유하고자 하는 모든 것을 부정하는 헤겔주의적 충동을 달성했다는 것을 깨닫고 있어. 다른 한편으로 여기에서 각성하고 있는 새로운 종류의 잠재적인 인간은 아직 자신이 무엇을 할 수 있는지, 또는 자신의 책임과 자격과 윤리가 무엇인지 알지 못해 ─ 그러나 자신이 거대한 것the mega이 아니라는 점은 알고 있지. 한 가지 확실한 식별이 있다면, "그건 내가 아니야."

그래서 우리는 놀고 있어. 우리는 이해하려고 시도하며

놓고 있어. 그래, 그리고 반휴머니즘은 인간의 개념을 꽤 타당하게 공격하고 있어 ─ 인간은 모래 위에 그려진 얼굴이 아니란 말이야. 그건 거대한 물water 기업들 위에 그려진 얼굴이지. 그것의 인간화는 네가 말했듯이 거의 완벽한 기능에 도달하고 있는 일종의 멸종 로지스틱스인데, 만약 그걸 계속 놔두면 향후 100년 이내에 지구상의 모든 생명체의 50퍼센트는 아주 행복하게 전멸당할 거야. 인간 또한 그 전멸의 일부겠지. 이와 관련하여 우리는 외부지구적인 것the extraterrestrial의 지위, 외부지구적인 것에 대한 우리의 투자가 이 모든 참담한 지구 대파괴에 따르는 당연한 귀결임을 염두에 두어야 해.

이건 지구를 가격하는 〈멜랑콜리아〉야. 적어도 그 영화에서, 라스 폰 트리에는 내 관점에서는 빌런 측에 속해. 만약 거기에 저주체가 있었다면, 그건 SUV를 타고 절망적으로 이리저리 운전하며 아이들과 함께 탈출구를 찾으려고 애쓰는 고통에 빠진 어머니일 거야. 커스틴 던스트는 다 좋은데 손가락으로 플라스마를 내뿜어. 끝끝내는 무의미한 의식이지. 그리고 그녀만의 일종의 사변적 실재론이 함의하는 것, 즉 '우주에는 다른 생명체가 없다'는 것 ─ 그녀는 '난 사물들을 알아'라고 아주 분명하게 말하는데 — 이야말로 문자 그대로 멜랑콜리아가 아닐까? 방대한-거대와 마주했을 때 느낄 수 있는 것이지. 거기서 어떻게 빠져나와? 그것이 이 책의 기획이 지향하는 바지. 그래서 그 영화가 화려한 만큼 문제적인 것 중 하나는 영화가 바그너풍의 여성혐오에 갇혀 있다는 거야.

전체의 일부라고 할 수 있는 오프닝의 "트리스탄" 화음 Tristan chord 4은 갈망하는 욕망의 궁극적이고 끔찍한 바그너풍 화음이야. 거기에 내적으로 끔찍한 것, 혹은 내적으로 비극적인 것이 있다는 이러한 관념은 내게 가부장적이며 따라서 농업로지스틱스적 구성물이라는 인상을 줘. 너의 모든 욕망은 언제나 이미 어떤 종류의 재앙을 끌어들여서 결코 제대로 작동하지 않을 것이란 거지. 정말 불편하다고 여겨지는 또 다른 과학소설적 이미지를 채용하자면, 필립 K. 딕의 『스캐너 다클리』의 결말에 관해 생각해 봐. 멀리서 보면, 그는 — 그리고 이것은 영화에서 아주 분명한

---

4. 바그너의 오페라 〈트리스탄과 이졸데〉의 도입부에 등장하는 불협화음으로, 이것이 욕망과 관련되는 이유는 트리스탄 화음의 두 불협화음 중 하나는 조화로운 화음으로 변해가지만 나머지는 조화되지 않은 상태를 유지하여 욕망 중 일부는 충족되고 일부는 좌절되는 느낌을 자아내기 때문이다.

데 ─ 꽃들로 이루어진 방대한 들판에 있어. 꽃들에는 냄새도 없고 맛도 없고 심지어는 눈에 띄는 정신활성 효과도 없었지. 사실 꽃들에는 냉소주의 정신활성 효과가 있어. 너는 너 자신을 보고 있는 너 자신을 보고 있는 너 자신을 보고 있는 너 자신을 보게 되지. 그럼에도 너는 언제나 어떤 방식으로 거대─기업에 갇혀 있어. 그러한 달의 터널을 통과하는 것은 매력적이긴 하지만, 그것은 일종의 성인 과학소설이어서 다음과 같은 반응을 유발할 수 있어. '오, 나는 이제 다 컸어, 난 이제 (방백 : 요전에 우리가 뭘 봤더라?) 『더 버진』 *The Virgin* 같은 것은 원하지 않는다고' 같은 반응 말이야. 그 작품은 수많은 문제를 안고 있지만 그래도 일종의 해피엔딩을 맞이하지. '아, 그건 그냥 순진해 빠진 거잖아. 애들이나 보는 거라고. 나는 가차 없는 파멸을 볼 거야.'

그게 어른으로서, 네가 쾌락을 위해 해야 할 일이야. ─ 그리고 그것이 기본적으로 가부장제로 환원하는 것이지. 모두 그걸로 귀결돼. 그리고 커스틴 던스트의 방식이지 ─ 실제로는 커스틴 던스트가 아닌데 이름이 기억 안 나. 그런데 그다음에 그녀는 단지 전복 자체를 위해 모든 것을 전복시켜 버려. 어떤 의미에서 그녀는 기계의 일부인 거지. 그리고 다시 말하지만, 만약 그게 나였잖아? 그게 나라면 ― 지구 온난화가 진행되고 있기 때문에 ― 나는 어떤 좌선공간Zen space을 찾으려 들지 않을 거야. 난 비명을 지르며 뛰어다니겠지. 내가 보기엔 그게 저주체에게 있어 좀 더 사실적이고 진실한 거 같아.

네가 그걸 생각하는 동안, 나는 쿠아론의 영화 〈그래비티〉를 생각하고 있었어. 그 영화는 〈2001 : 스페이스 오디세이〉처럼 기술근대주의의 목가와 함께 아름다운 흰색 장비와 우주 비행사들이 우주를 떠다니는 걸로 시작돼. 얼마간 모든 것이 장악되었지만, 환상일 뿐이지. 예측을 벗어난 인간 행위들의 연쇄로 인해 갑자기 모든 장치가 아름답게 갈가리 찢기게 돼. 외부지구적인 것이 다시금 인간을-삼키는-심연으로서 갑자기 현현하고, 엄청난 노력을 통해 고향 지구로 돌아가려는 필사적인 시도가 있게 되지. 등장인물 한 명은 다시는 되돌아갈 수 없이 우주 멀리로 떠난다는 의미에서 거기를 탈출해.

하지만 다른 사람을 구하기 위해 자신을 희생하고, 그러고 나서 저 깊은 칠흑 같은 무한과 하나가 된다는 것은 일종의 완벽한 멸종 판타지이기도 하지. 저주체이기도 한 다른 등장인물은 브리콜뢰르가 되어 지구 위에 남아 있는 파편과 잔여를 사용하여 지구로 돌아가려고 하지. 그 모든 노력이, 오직 육지 생명체의 근원인 물로 다시 돌아가기 위한 것이야. 그것은 마치 인류세를 위한 〈파이트 클럽〉, 지구와 재결합하기 위한 자아 내부의 투쟁 같아. 그리고 그녀는 다른 우주비행사의 환영을 보게 되고, 수용되지는 않았지만, 자신이 환각에 걸리게 허용하는 것의 중요성을 보게 돼. 모두 중요해.

폰 트리에 영화와의 또 다른 유사성은 희극이야. 그들은 산드라 블록을 기용했고, 그녀를 기본적으로 높은 고도에서 슬랩스틱slapstick 방식으로 연기하게 했어. 마찬가지로 우리는 〈멜랑콜리아〉에서 어머니가 차로 돌아다니는 모습을 보고 "얼마나 멍청한지 저것 좀 봐, 도망갈 수 없다고"라고 말하며 웃도록 되어 있어. 그녀는 미로 속의 쥐와 같고, 거기에는 베르그손주의적 경멸이 담겨 있지 ─ 그녀는 기계로 환원되고 있어. 그러나 모든 것이 그렇다고. 모든 것이 일종의 꼭두각시, 아니, 심지어는 꼭두각시도 아니지. 네가 통제할 수 없으면서 어떻게든 자신의 양식style

에 사로잡힌 일종의 힘이야.[5] 이건 베르그손주의적인 건데, 너는 양식 밖에서 생각할 수 없어. 그래서, 희극이 〈그래비티〉의 이면이라는 점은 나에게 충격을 주었고, 이는 분명 우리의 친구 욘이 좋아할 만한 것이지. 그러고 나니 난 〈더 문〉이 어떻게 이것과 실제로 맞물리는지가 궁금해졌어. 왜냐하면 〈더 문〉에는 아마도 수소를 보내는 포드pod 중 하나에 들어가 지구로 돌아가고자 하는 기업의 제품, 자신을 탈기업화하는 실제 기업 제품이 있거든.

그리고 거기에서 우리는 어둠 속으로 사라지는 클루니와 달리, 더 건강한 버전의 자신이 사실상 비체 버전의 자신을 탱크에 다시 집어넣게 하여 감기와 폐렴으로 천천히

---

5. 모턴은 「존재론적 웃음: 실험적인 가능성 공간으로서의 희극」이라는 글에서 다음과 같이 말한다. "나는 팀 모턴이지만 어느 순간에도 내가 나 자신과 일치하지 않는다는 사실은 내적으로 재미있다. 그것은 내가 스스로 원한다고 생각하는 것과 무관하게, 내가 의도하는 것처럼 보이는 것과 무관하게, 내가 좋아하든 안 좋아하든 상관없이, 내가 내 전반적인 현상학적 '양식'에 사로잡혀 있다는 것을 의미하며, 이 양식은 정확히 나지만 동시에 내가 아니다. 우리는 양식에 완전히 수축포장된 무언가를 볼 때 웃는다. 예를 들어, 끊임 없이 걸으려다 연달아 넘어지는 슬랩스틱 코미디의 기본이 바로 이것이다." Timothy Morton, "Ontological Laughter: Comedy as Experimental Possibility Space," *ASAP/Journal* 1:2 (2016), 325~338, https://www.academia.edu/76543684/Ontological_Laughter_Comedy_as_Experimental_Possibility_Space?email_work_card=view-paper를 보라.

죽어가게 하는 걸 보게 돼. 걘 저주체야, 그렇지 않아? 그들은 모두 저주체야. 그리고 그의 병든 버전은 다른 사람을 살리는 방식으로 희생되는 영웅이 되지. 죄수의 첫 번째 의무는 탈출이야. 나는 첫 순간부터 자신의 상황에서 탈출하려는 주인공의 모습을 보여주는 이야기를 좋아해. 그리고 그들이 줄넘기를 하는 걸 보자마자, 그들이 어떻게든 행성에서 떠날 것이라는 점을 알게 되지. 〈더 문〉은 좋은 예시야. 그리고 그 외에도 동일한 장르의 다른 작품들이 있다고 확신해. 한편으로, 이것은 놀랍도록 케인스주의적이고 근대주의적인 끝없는 성장, 끝없는 번영, 끝없는 장악을 모델로 삼았던 〈스타트렉〉의 시대가 아니야. 적어도 이 장르의 첫 시리즈는 그렇지 않아. 그리고 나중에 〈스타트렉 : 넥스트 제네레이션〉과 〈스타트렉 : 딥 스페이스 나인〉이 신자유주의적 분위기를 흡수하면서 좀 더 무역과 자본에 관한 것이 되었지. 이 시대는 그 둘 모두와는 다르고, 우주의 모습도 다르며, 어쩌면 정확히 그런 이유로 〈스타트렉〉에 대한 향수가 있는 걸지도 몰라.

판타지가 판타지로서 효과적으로 작동하려면 판타지가 실재적인 것에 충분히 정착하고 있어야 하기에, 우리의 판타지적 삶은 더 이상 장악된 우주라는 환영을 용납하지 않을 거야. 우리의 우주 판타지가 이제 몇 광년 떨어진 머나먼 은하로 여행하는 것이 아니라 지구와 고통스러울 정도로 가까운 매우 곤란한 궤도에 있다는 것에 초점을 맞춘다는 점은 아주 흥미로워. 〈멜랑콜리아〉에서처럼 무언가가 우리에게 다가오고 있어. 여기 우리의 두 번째 가설이 있어. 첫 번째는 저주체가 언제나 부분의 합보다 작다는 것이었어. 두 번째는 어떤 의미에서 저주체가 외부지구적이라는 거야. 집을 찾는 외계인간exohuman이지. 외계인간이라, 맘에 들어.

높은 곳에서 내려오는 것이 아니라, 같이 부대껴서 으스러뜨릴 수 있는 기묘한 작은 상자들과 장치들을 가지고 필사적으로 뒤로 물러나려는 거지. 브리콜뢰르 말이야. 이용 가능한 것으로 해내는 것이지. 정확해. 또 다른 영화는 〈엘리시움〉이야. 영화의 전제는 훌륭하지만 영화 자체는 별로지. 내가 아는 한 같은 감독이 찍은 〈디스트릭트 9〉는 좀 더 일관되고 놀랍도록 기괴한 풍유였어. 에일리언을 인종차별과 아파르트헤이트apartheid를 비판하기 위한 수단으로서 사용한 것으로 가장 잘 알려져 있지. 그런데 난 〈디스트릭트 9〉가 제공하는 인간과 비인간의 최종적 통합이 우리의 관점에서 볼 때 흥미롭다고 생각해. 어쨌든, 〈엘리시움〉에서 내가 설득력 있다고 느낀 것은 이거야. 인류가 모든 질병을 치료하고 영원한 삶을 보장하는 기계를 비롯해서 놀라운 생명정치적 기술들을 개발했다는 점 말이야. 물론 오직 부자만이 그런 기술을 이용할 수 있지. 그리고 그들은 지구를 개혁하기보다는 어떤 우주 식민지를 개발하기로 했어. 한편 지상에서는 〈블레이드 러너〉 시나리오가 펼쳐지고 있지. 사실은 더 나쁜 시나리오가 말이야. 〈매드 맥스 썬더돔〉과 〈블레이드 러너〉의 조합, 절망적인 노동 조건, 방사선 피폭, 짧은 수명 ─ 한마디로 생명정치적 악몽이지. 그래서 지구에 머물고 싶지 않은 거야….

정확해. 그런데 흥미롭게도 우리는 지구에서 너무 멀어지지도 못해. 외부지구적인 것에 관한 판타지에서 우리는 언제나 조져지거나 〈엘리시움〉의 맷 데이먼처럼 동료 저주체들을 위해 우리의 생명을 희생해야 하지… 우리는 지금 시중에 나와 있는 『사피엔스』라는 책에 관해서도 이야기해야 해. 이 책은 미국에는 아직 나오지 않아서 유럽에 더 많이 퍼져 있는데, 기본적으로 짜증 나면서도 만족스러운 그런 부류의 책이야. 논증은 나와 다르지 않지만 철학이 들어있지 않아. 역사학은 미리 포장된 검증되지 않은 이론적 구성물에 기반을 둔 학문으로서 진행되는 경향이 있어. 그래서 너도 알다시피 '인간은 진화했고, 다른 모든 것을 멸종시켰다' — 나는 이 점에서 대해서 약간 문제의식을 느껴 — '대규모 설비 농업'… '인류세'… '두 부류의 사람이 있을 것인데, 자신의 몸을 포함하여 어떤 무엇에도 무엇이든지 할 수 있는 부자와 그걸 할 수 없는 가난한 사람이 있을 것이다.' 기술해결technofix에 파멸을 더한 것 같아. 트랜스휴머니스트지만 실제로는 휴머니스트인 거지.

고전적인 휴머니즘이 꾸었던 궁극적인 꿈이 그거야. 나는 나 자신을 끊임없이 초월할 수 있다는 거지. 작가의 말에 따르면, 그러한 꿈은 우리가 지구상의 몇 가지 문제를 해결할 수 있다는 파생 효과를 동반하며 끝이 없을 거야. 이 지점에서 나는 이런 생각이 들어: 나는 결코 그 미래에 있고 싶지 않다는 거지. 경험론적으로 말하자면, 적어도 이 마을에서는 석유회사를 운영하는 사람과 결혼한 가난한 사람이 있을 수 있어. 자본주의 그 자체는 인간에게 있어

서 쉽게 대체 가능한 거야. 왜냐하면 그건 매우 합리주의
적이거든. '나는 그것을 머스터드와 케첩으로 분해했다. 당
신은 머스터드를 가질 수도 있고, 혹은 케첩을 가질 수도
있다. 그건 당신의 선택에 달려 있다. 당신은 연장을 가질
수도 있고, 혹은 영혼을 가질 수도 있다.' 거기에는 많은 가
정이 들어가 있어. 인간 존재자가 현존하는 것만으로도 다
른 존재자를 멸종시킨다는 가정이 있지. 그리고 우리 자신
이 지금보다 점점 더 강력해지는 것은 바람직하지는 않을
수는 있지만 아무튼 불가피하다는 가정이 있어.

　　이 개괄적 관점은 풍자가 18세기의 차트에서 1위를 차
지한 진짜 이유일 테지. 이 재앙, 산꼭대기에 서서 도시의
불쌍한 놈들을 내려다보는 게 바로 너의 풍자 방식일 거
야. 인류 전체를 내려다보며 '이 얼마나 엉망진창인가!' 하
고 선언하는 포프와 존슨의 시들이 있지. 만약 생태학적
담론이, 인류세에 그리고 인류세와 기묘하게 어울리는 철
학에 적응하지 않고, 사물을 묘사하는 18세기 방식을 장
착한 채 좀 더 민주적인 미래로 나아가는 것을 의미한다
면, 나는 그 부류의 일원이 되고 싶지 않아. 다른 말로 하
자면, 사피엔스 말이야. 사피엔스라는 단어 자체가 인간이

란 인간이 생각하는 그런 것임을 함의해. 재치 있고 현명한 것 말이야 — 그리고 그것이 우리가 네안데르탈인을 이긴 이유인 거지. 그건 고전적인 이야기야 — '우리는 그들이 볼 수 없었던 사각지대를 볼 수 있었던 거야.' 어쩌면 우리는 그들과 섹스를 너무 많이 해서 우리와 구별할 수 없게 된 걸지도 몰라. 그런 생각은 어때, 좋지 않아?

왜 파괴에 관한 것이어야만 하지? 그건 적자생존이 아니야. 적자생존은 훨씬 더 저주체적이야. 그건, '내가 죽기 전에 내 게놈을 물려주었어. 살면서 한 번쯤은 어떤 맥락에서 오르가슴을 겪었지' 같은 거야. 어느 시점에서 우리는 우리의 인식론적 시대정신에 관해서 이야기하고, '시장' 및 '경제' 같은 초객체적 개념 중 일부를 고려하고 싶어. 그 개념들에 관한 중요한 작업의 상당 부분이 다른 곳에서 수행되었으므로, 우린 계속 반복하고 싶지는 않아. 그러나 그러한 초객체적 개념들은 우리가 그 안에서 살고 있는 상황, 전 지구화의 일정 위상의 일부이기도 해. 18세기에 그들은 인간에 관해 이야기했던 것일지도 모르지만, 실질적으로 그들이 말했던 것은 유럽인에 관한 것이었어. 오, 맞아.

대부분 특정한 계층과 특정한 성별의 유럽인들 말이지.

왜냐하면 유럽인들은 어디에 살든 산꼭대기에서 살거든. 난 방금 존 스튜어트 밀을 읽었어. 자유라는 말은 아주 멋있게 들렸어. 아이들은 그것을 얻지 못하고, 여성들도 아마 그것을 얻지 못할 것이며, 문명화된 유럽 밖에 사는 모든 사람은 "인자한 전제주의"에 처하게 된다는 것을 깨닫기 전까지는 말이야. 참고로 밀은 영국 동인도 회사에서 일했어. 아이들은 굴뚝과 기계에 강제로 들어가는 등 다른 방식으로 자유를 가지게 되기는 하지.

맞아. 그래서, 인간, 자유, 해방에 관한 담론을 생산하던 시대가 있었어. 그리고 이것들은 이미 폭력과 불평등을 자연화하는 오늘날의 질서를 가동하는 엔진으로 기능하고 있지. 다윈이 자기 저작을 출간하기도 전에 이상하게도 대기 중에 떠돌았던 사회적 다윈주의와 그것 사이에는 깊은 상관관계가 있어.

우리에게 마지막으로 우리의 사유 노선을 밝힐 시간이 남아 있다면, 나는 내가 착수해 온 하부구조infrastructure — 즉, 우리 시대의 주제 — 에 관한 논문에 관해서 조금 말해 보려고 해. 하부구조는 즉시 내 관심을 끄는 분석이 아니어서, 난 내 방식으로 그것에 관해 좀 더 생각해 봐야만 했어. 그러나 나는 하부구조와 혁명 사이의 관계에 흥미를 가지게 되었지. 그리고 우리에게 필요한 것은 새로운 형태의 혁명적 하부구조라는 생각을 하게 되었어. 철학적이든 물질적이든, 오래된 혁명적 하부구조, 19세기 중반과 20세기 중반 사이에 번성했던 혁명적 기획과 관련된 모든 것 − 너도 알다시피, 레닌주의, 볼셰비키주의, 맑스주의, 모택동주의 − 은 모두, 공산주의 = 소비에트 + 전기화라는 레닌의 방정식과 같은 거대한 생산 기구에 전력을 공급하기 위해 거대−수준의 에너지를 필요로 하는 산업 기획과 결합되어 있거든. 그리고 대량의 산업적 에너지 사용은 지금 우리가 알고 있는, 현재 우리가 빠져 있는 딜레마의 큰 요인이야. 산업에 의해 촉진된 풍요는 거대 기구, 초객체에 초−hyper−를 넣는 것이지. 그러므로 우리에게는 새로운 하부구조가 필요해.

그러나 우리는 또한 거대한 종류의 혁명이 아니라 아마도 그 자체로 저주체적인 혁명의 가능성이 있다고 믿어야 해. 그런데 저주체적인 혁명적 하부구조는 어떠한 것일까? 스쾃에 관한 우리의 논의로 돌아가자면, 그것은 전 지구화된 프롤레타리아가 사용 가치 생산의 거대 기구를 되찾는 것에 관한 것이 아니라, 그리드/파이프라인/도로의 세계 — 이 하부구조는 자본주의적 근대성을 통해 우리가 물려받은 거지 — 내에서 광범위하게 창의적 스쾃을 함으로써, 내부에서 그것들을 순차적으로 비활성화하면서 그것들을 구성하는 물질의 용도를 변경하는 거야.

번쩍, 번쩍, 번쩍. 그 점에 관해서 번쩍이는 게 나에게 하나 있어. 그래서 우리는 두 개의 가설을 가지고 있지. 하나의 정치적 명령은 스쾃하기이고 아마도 저주체의 다음 정치적 명령, 저주체로 있기를 즐기는 방법에 관한 다음 규칙은 놀고 스쾃하기일 거야. 그리고 통제를 놓지 않기. 붙잡기야. 그것을 통해서 에너지를 붙잡고 그리고 —

활용해. 너 자신의 하부구조를 만드는 거야. 활용해. 너만의 측은한 작은 장치를 만들어. 그것이 세계를 바꾸지 않을 거라며 모두가 비웃겠지. 그러나 이제 너는 자급자족하게 될 거야. 그것이 또 다른 명령이야. 너 자신의 하부구조가 되기. 나는 독일의 재생에너지 전환의 설계자라고 할 수 있는 사람이자 급진 정치에서 오랫동안 소외된 사회민주당의 급진적 사상가, 헤르만 셰어를 염두에 두고 있었어. 그는 화석과 핵에너지의 오랜 비효율적인 공급망으로 인해 우리 사고의 상당 부분이 뒤틀려 있다는 놀라운 주장을 펼쳤어. 이 공급망은 중앙집권적 정부에 힘을 실어주지만, 나머지 사람들에게는 그것의 비효율성에 대한 임대료를 지불하도록 강요하지. 한편, 태양 에너지 — 태양은 태양을 의미하지만 여기서는 풍력, 바이오매스 등을 의미하기도 해 — 에 관해 말할 수 있는 건 그것의 공급망이 훨씬 짧다는 거야. 그것은 작동하기 위해 중앙집권적 그리드 하부구조를 요구하지 않고, 사실 그것은 그리드 세계에 최적화되어 있지 않아. 거기에는 다른 인간 정치가 출현할 수 있게 하는 다른 물질 정치가 있어. 오늘날의 그리드 기술자들은 태양 에너지를 기생충 같고, 기묘하며, 간헐적인 것으로 보기 때문에 태양 에너지를 싫어하지.

그들은 재생에너지를 그리드 세계에서 체계의 건강과 안정성을 위협하는 바이러스로 간주해. 그리고 실제로 그래! 새로운 에너지 기획이 그리드 세계를 활용하고 난도질하면 할수록, 자신들 고유의 자율성autonomies과 전력 회로를 생성함에 따라, 그리드가 더 이상 중요하지 않다는 것을 깨닫게 할 거야. 그리드는 필요하지 않아. [현대의 종합 예술 페스티벌인] 글래스톤베리 페스티벌에 가는 것이 십 대

시절에 할 수 있는 가장 중요한 일이었다는 걸 고려해 볼 때, 만약 네가 밴드에 속해 있다면 자신의 전용 발전기를 갖는 것이 얼마나 중요한 것일지를 상기해 봐. 발전기 존이라는 사람이 있었는데 그 사람은 발전기를 소유하고 있다고 해서 유명해졌어. 그래서 그는 발전기를 가지고 모든 밴드를 돌아다녔어 ― 그래, 기름으로 굴러가는 발전기였지 ―, 하지만 중요한 점은 그들이 자기 집을 가지고 있었고, 자기 공연을 할 수 있었다는 거야. 그러니까, '너 자신의 발전기를 가져라'는 하나의 슬로건이 될 수 있어. 알잖아, 너 자신을 발전[생성]하라는 거지.

나도 그렇게 생각해. 나는 인류세의 궤도를 거스르는 움직임을 생각조차 할 수 없게 만드는 요인 중 하나는 우리가 항상 그리드를 계속 공급해야 한다는 이 생각에 놓여 있다고 말하고 싶어. 이런 거 있잖아. '바람은 그리드를 위해선 너무 간헐적이기 때문에 먹히지 않을 거고, 태양열은 그리드를 위해선 너무 약하기 때문에 작동하지 않을 겁니다. 우리는 석유가 필요하고, 석탄이 필요하며, 화석 연료로 가동되는 화력 발전소가 필요합니다.' 이것이 정확히 속임수야. 언제나 거대한 것^{mega}을 뒷문으로 살그머니 되돌려 놓고, 초주체-초객체 죽음충동의 고리를 강화하는 방법이지.

펜치 한 자루를 가지고 한 모퉁이의 모양을 실제로 구부리면 혁명, 새로운 것이 될 수 있는 것과 같은 방식에서 그것은 혁명이야. 하부구조적 관점에서, 모든 것을 압수하여 불길 속으로 내던진 다음 사실상 거의 동일한 것으로 교체하는 것보다는 말이야. 그것이 맑스-레닌주의의 문제점이야. 불이 예전처럼 밝게 타오르길 바라는 거지.

왜냐하면 그것은 인간중심주의적인 철학으로 남아 있어서, '총체성이 결정하니까, 최상위 수준으로 올라간 다음에 총체성을 바꾸면 뒤따르는 낮은 수준들이 달라져서 모든 것이 달라질 것입니다'라고 말하는 일종의 헤겔주의거든. 이런 언어를 사용하자면, 이 혁명이라는 관념은 좀 더 기반base에서 일어나는 일에 관한 것인데도 말이야. 나는 이것을 일종의 개조라고 생각하고 있어. 이러한 장치를 분해하면서도 일부 부품은 계속 사용하는 거지.

그리고 20세기 후반의 학계에서 히피적이고, 부정확하며, 생각할 수 없고, 형언할 수 없는 해결책이라며 그것이 폄하되었던 방식을 생각해 봐. 가장 큰 액수의 지원금, 혹은 적어도 [영국의 격월간 문예지]『런던 리뷰 오브 북스』의 가장 많은 페이지 분량은 '모든 것을 완전히 바꿔라'라고 말하는 사람에게 돌아갈 거야. 그리고 지금 우리는 모든 것의 현실적이고 물리적인 완전한 변화에 직면해 있고, 우리가 그 변화의 최상위에 올라갈 수 있다는 착상은 재앙적으로 느껴져. 아니, 뭐라고? 지구공학이 바다를 쇳가루로 채우는 걸 허용한다고? 그렇게 놔둘 거야? 그게 지금까지 어땠는지 알면서 그런 이야기를 하는 거야? 그래서 우리 자신의 한때였던 십 대 자아의 관점에서 볼 때, 이 책에서 우리가 정치적으로 무관심하다고 보일 대목이 바로 여기야. 이건 기본적으로 특정한 종류의 정치에 대한 거부지. 이 경우에는 냉전 시대에 성장한 종류의 혁명적 정치가 가진 뿌리 깊게 문제적인 모순에 대한 거부야. 그러나 난 혁명적 정치를 포기하고 싶지는 않아.

아마 오늘날의 신아나키스트 운동은 우리와 비슷한 파장을 가지고 있을 거야. 나는 우리가 말하는 것이 그들의 사유가 가진 일부 측면과 교차한다고 생각해. 그러나 우리는 시간이 지남에 따라 광범위한 저주체적 행위가 이러한 거대 구조에 어떤 일을 일으킬지도 상상해야 해. 우리는 이 소위 거대라고 불리는 것이 언제나 이미 저주체들로 구성되어 있다는 점을 인식해야 해. 저주체들은 언제나 이미 모든 곳에서 행동하고 있어 — 우리는 지금까지 계속 이 이야기를 해왔던 거야. 문제는 저주체적 점거와 인류세 기구의 탈취를 어떻게 조율하느냐는 거야. 나한테는 그것이 정치적 도전인 것처럼 보여. 어렸을 때 미시-모험자[마이크로너츠]micronauts라는 일본 장난감들이 있었어. 은색 머리를 가진 투명한 색상의 휴머노이드들이었지. 나는 미시-모험자 대 거대 세계라는 발상이 맘에 들어. 저주체. 미시-모험자적 항해.

상황을 진전시키기 위해 저주체성의 전투적 우위를 찾아내기. 그리고 어쩌면 미시-모험자는 전투적인 저주체일 수 있겠지. 와! 엄청나게 많네! 모든 곳에 있는 미시-모험자를 응원해 보자.

III 지구촌, 오소재, 우익 판타지들,
금융 자본, 사변적 실재론, 다운로드들,
축복-공포, 롤플레잉 게임들

그래서 우리가 어디까지 했었지? 우리는 이민에 관한 인종차별주의적 판타지에 힘입어, 영국이 더는 유럽의 일부가 아닌 순간으로까지 나아가는 격세유전적이고^{atavistic} 허구적인 우익적 퇴행에 관해서 궁금해하고 있었어. 이게 실제로는 다 뭐에 관한 걸까? 신자유주의에 대한 반응 그 이상으로 말이야. 이야기를 이렇게 풀어보자. 1990년대에 모든 사람이 연결되어 있다는 관념에 관해 생각하는 것은, 전 지구적 텔레커뮤니케이션 기업으로서는 재미있는 일이었을 거야.

아프리카 사람들이 나와서 손을 흔들던 유토피아적 광고들은 이제 이렇게 됐어 ─ 글쎄, 정치적 화법 내에서 "전 지구성"이라는 것의 실재는 매우 우울하고 매우 불편하고 매우 억제적인 거야. 왜냐하면, 모두가 늘 맞는 말만 하려고 하기 때문이지. 그리고 정치적 의지의 어떤 오이디푸스적인 죄책감의 죽음 나선 속에서 자신들의 정책을 과잉-수정^{hypercorrect} 1 하고 있기 때문이야. 그러나 그 이상으로, 이건 우리 모두가 한 종임을 깨닫는 것에 관한 것이고,

---

1. 원래의 오류를 교정하는 데 지나치게 신경을 써서 오히려 더 잘못된 결과를 초래하는 것을 의미한다.

그것은 우리 자신이, 어떤 의식도 없이 반응할 뿐인 좀비의 손톱 하나에 불과하다는 것을 깨닫는 것과 같아. 그리고 이것은 최소한 200년 치의 철학과 300년 혹은 400년 치의 이데올로기를 교란하고 있어. 우리는 더 이상 이렇게 말할 수 있는 세계 속에 살고 있지 않아. '나는 지금 전 지구에 대립되는 것으로서의 지역local에 있어. 나는 공간이 아니라 장소에 있어. 나는 여기, 모든 곳의 중간에 있어.' 그러므로 실제로 일어난 일은 추상적인 전 지구로 추정된 것이 다른 종류의 지역, 정말로 정말로 커다란 것일 뿐인 지역으로 변했다는 거야. 이것이 몇 주 전에 내가 노스웨스턴에서 한 말이지. 장소에 무슨 일이 일어나고 있는지 궁금해하는 사람이 있었거든.

진부하게 말하자면 '음, 이제 더 이상 장소는 없어. 전부 공간에 의해 잠식당했어'일 거야. 그런데 어떤 면에서는 그 반대야. 나를 담는 상자, 즉 추상적인 영원한 무한한 공간에 내가 둘러싸여 있다는 달콤한 착상은 더 이상 통용될 수 없어. 사실, 우리는 여기에 있는 것이자 지구 위에 있는 것이지. 그리고 지구는 화성이 아냐. 지구는 이 대기를 가지고 있고, 이 생물권을 가지고 있으며 그 위에 이러한 존재자들, 예를 들어 인간종이 있어. 우리는 눈을 가지고 있지. 우리는 자동차에 시동을 걸기를 좋아해. 우리는 이런 특정한 종류의 시간성 구조를 가지고 있는 거지, 저거나 저거나 저 다른 것 등등을 가지고 있는 것이 아니야. 즉, 다른 말로 하자면, 설령 내가 국소적으로 제한되어 있더라도 추상적으로 '무슨 일이든 실제로 일어날 수 있다'는 것으로 추정되는 착상은 이 시점에서 완전히 그리고 온전히 무너졌어. 그리고 아이러니하게도 이 무너짐은 인간들 사이의 더 거대한 전 지구적 연결성을 통해 발생했지. 그래서 그것은 어떤 면에서는 지구촌global village이지만, 1970년대 초에 사람들이 세계에 완벽한 조화의 노래를 가르치고 세계에 코카콜라 한 병을 사주고 싶다는 생각이 들게 했을 때처럼 멋지고 유토피아적으로 들리는 방식의 지구촌이 아니야.

그런 게 매클루언의 지구촌이었던 적은 단 한 번도 없어, 안 그래? 매클루언의 지구촌은 무서운 디스토피아적 잠재력도 갖추고 있었어. 전기 통신의 서보기구servomechanism 2가 인간의 뇌 기능을 외재화하고 있다는 것이 바로

2. 피드백 제어 체계의 일종으로, 특정 명령이나 목푯값에 맞추어 기계나 장치를 정밀하게 제어하기 위해 사용된다.

이 관념의 전부였어. 우리가 눈부신 속도로 전 세계의 이미지와 관념을 비추는 전 지구적 뇌 ─ 더 나은 단어가 없으니, 뭐 ─ 혹은 축삭-수지상 네트워크를 개발한 한에서 말이야. 엄청난 순환과 흐름이 있었지만, 생물학적 인간 존재자 ─ 매클루언이 말했듯이 인쇄 문화에 의해 생산된, 선형적 시간을 따라 움직이는 개인 ─ 와 전 지구적으로 가능해지고 확장된 (이건 그의 언어가 아니지만) 사이보그-같은 인간성 사이의 일종의 스칼라 분열도 있었어.

우리가 그 비전의 어두운 면에 대한 살아 있는 증거야. 무너진 것은, 우리는 여기고 거기는 거기라는 생각이야 ─ 인간중심주의 말이지. 우리 자신이 어디에나 있는 세계 속에 살고 있다는 생각의 정체는 드러났어. 그건 아인슈타인 속에 있지, 안 그래? 유클리드 시공간은 그저 하던 일을 계속하기 위한 편리한 척도일 뿐이야. 우린 그걸 꽤 오랫동안 얼추 알고 있었어. 우리가 지금 말하는 것을 말하는 포스트모던적 방식들이 있어 왔어. 하지만 지금은 말로만 그런 것이 아니라 실제로 그것이 일어나고 있는 순간이야. 거기에는 특정한 부류의 사람이라면 우익 판타지 공간으로 후퇴하고 싶게 만드는 정말 불편한 어떤 것이 있어.

인류학자 더글라스 홈즈가 저술한『통합적 유럽』이라는 멋진 책이 있어. 그는 데릭 비콘, 장-마리 르펜 같은 유럽 우익 정치 지도자들을 인터뷰하고 분석하며 그들의 인종차별을 추려냈어. 이 책은 그들 유형의 민족주의를 정착시키는 복지주의적 판타지를 수면으로 아주 잘 끌어올려. 1990년대에 세계를 가로질러 나아가는 금융 자본, 다국적 기업, 새로운 종류와 강도의 사람들과 가치들의 급류 한가운데에 멋지고 안정적인 작은 판타지 집과 난로를 건설하려는 그 시도 말이지. 탈소재가 증식되었어. 어쩌면 유클리드적 세계관은 그저 더는 유지될 수 없는 건지도 몰라. 1990년대의 포스트모던 이론을 보자면, 동일한, 탈소재성의 현상학을 반영하고 있어.

어떤 면에서 우리가 다루고 있는 것은 탈소재dislocation가 아니라 소재가 잘못되었다mallocation는 것, 소재지가 약간 부적절하다는 생각이야. 내 소재성이 좋지 않아. 모두 탈소재이지만 이 탈소재는 오소재dyslocation야. 여기에 멋지고 아늑하게 있는 나 자신을 발견하고 그다음에 모든 것이 망가지는 게 아냐. 오히려 여기에 부적절하게 있는 나 자신을 발견하는 거지. 나는 행성 위에 있어. 그리고 그것은 이 행성이지 저 행성이 아냐. 그리고 이 행성은 자신의 모든 하위-지역에 소급적으로 영향을 미칠 테지. 그러므로 저주체의 문제 중 하나는 이 오소재의 느낌이야. 웃기게도 포스트모던 담론에는 '오, 드디어 나는 부르주아 주체도 계몽주의 주체도 아니라는 축복 속으로 사라져 가고 있어' 같은 유토피아적 전율이 있어. 한편, 계몽주의 주체는 안락하고 따뜻한 것이지. 그리고 그것은 쾌락에 깊은 영향을 미쳐. 그것은 분명히 정치적 담론에 영향을 미치지. 왜냐하면 사람들은 욘 그나르가 말하는 방식으로 말하기를 매우 어려워하거든. 즉, '당신이 무슨 말을 하는지 모르겠습니다. 가서 공부하고 다시 돌아올게요.' 물론 우리가 해야 하는 일이기도 하지. 왜냐하면 우리가 이해할 수 없거든.

그리고 우리는 우리보다 어떤 것을 더 잘 이해하는 사람들에 대해 신뢰를 가져야 하는데, 왜냐하면 우리가 모든 것을 이해할 수 없을 따름이기 때문이야. 이것은 다음과 같은 태도를 가진 관습적인 포퓰리즘 – '세계는 존재론적으로, 우리가 직관적으로 지각하거나 도덕적으로 그렇게 되어야 한다고 느끼는 것입니다' – 과 상충해. 그리고 나서 우리는 그것이 사실인 것처럼 행동하지. 저기 [영국의 극우 정치인] 나

이젤 패러지가 있어. 그는 여기서 우리가 언급한 그의 동족들이 어느 정도 개선된 버전 같아. 오, 세상에. 확실하진 않아. 저 목소리. 우리도 목소리들을 듣지만 저만큼 정교하지는 않아.

물론 우리는 그렇지. 낯설게도 패러지의 목소리는 아주 오묘하게 미국화되어 있어. 그는 1950년대 버라이어티 쇼 진행자의 목소리를 가지고 있어/노동자 엔터테인먼트의 미국화된 형태 말이야. 그러므로 그의 매력은 영국인인 것에 놓여 있는 게 아니야. 그는 [미국의 공화당 소속 정치인] 세라 페일린에 좀 더 가깝지. 그는 마거릿 대처의 판타지 세계에서 태어났고, 이 판타지 세계는 1950년대의 미국화된 판타지 공간, 영국성에 관한 전통적인 관념과는 연관이 없는 판타지이지. 도발적인 제안을 하나 하지. 이 사람들 ― 페일린, 패러지 ― 은 그들 스스로 일종의 사변적 실재론에 착수하고 있어. 네 제안에 동의해.

이 환각적 포퓰리스트들의 노동 담론은 보수적인 사고가 아닌데, 왜냐하면 그들은 자신들의 정치가 조금이라도 말이 되도록 언제나 실재를 다시 상상하는 사변적 과정에 착수하기 때문이야. 놀라운 점은 그들이 자신들의 상상적 기획에 많은 사람을 동참시켰다는 거야. 거기에는 어떤 에로티시즘 같은 게 얽혀 있어 … 어쩌면 이건 나이젤 패라지보다는 [영국 극우 정치인] 데릭 비콘에게 더 적합할지도 모르지만, 한 가지 판타지는 산업 노동자계급의 동네에 대한 신격화야. 봐 봐, 그건 패라지가 아닐 거야. [영국의 극우 정당] 〈브리튼 국민당〉(이하 BNP)은 거의 구식이야 — 어느 면에서는 패라지가 BNP보다 더 히틀러와 닮았어. 왜냐하면 히틀러를 모방하는 것은 이미 히틀러로 있음이 아니기 때문이야. 전통적인 노동계급 동네에 대한 그런 종류의 호소, 그런 종류의 스킨헤드 분위기, 그것은 중하류층, 자동차 영업사원, [미국 캘리포니아주 공화당 하원의원] 대럴 아이서의 세계에 더 가까워. 어떤 부조리한 영국적 계급 레이더를 갖춘 사람들의 귓가에는 그의 목소리가 그렇게 들리는 거야. 휘날리는 커튼의 세계 그리고 일종의 아무것도-모르는 중산계급성middle classness이 들리는 거지. 쁘띠부르주아. 히틀러의 가족 배경이 생각나는 소리지. — 어떤 종류의 연대성을 추구하는 실제 노동계급 사람들과는 대조적으로 불만을 품은 중산층 사람들 말이지.

그건 좋은 구별이야. 이곳은 소재가 사변적 판타지의

현장이 되는 곳이야. 소재성이라는 이 관념 말이지. 소재성은 난로가 될 수 있고, 집이 될 수도 있으며, 이웃이 될 수도 있고, 도시가 될 수도 있고, 국가가 될 수도 있어. BNP에 관해 흥미로운 점은 그들의 담론이 일정하게 민족주의적 언어를 포함하고 있는 반면, 그들이 정말로 자랑스러워하는 것은 거리에 깔린 현관문을 두드려 거리 주민 모두의 이름을 알았다는 것이야. 그들의 소재성은 거리 수준이었던 거지. 누군가는 BNP와 함께했던 옛 시절에 대한 향수를 불러일으키기도 할 거야.

이 대화는 이미 이상한 방향으로 흘러갔어.

파시스트들은 예전 같지 않아. 이것은 저주체와 전 지구적 오소재의 출현에 대한 증상일 수 있어. 심지어 파시즘도 피와 흙에 관한 것이 아니게끔 변해야 했어. 파시즘은 비 내리는 교외 마을의 이상한 가죽 냄새와 바비큐에 관한 거야. 그렇다고 더 좋아졌다는 건 아니야. 나는 우리가 현재의 오소재성이 지닌 특정한 차원들을 포착할 수 있다는 생각을 고수하고 싶어. 그리고 그중 하나는 금융 자본인데, 이건 안전과 소재의 감각을 약화시키는 데 많은 영향을 미쳤어. 월스트리트나 런던의 투기자들이 한 나라의 통화를 무너뜨릴 수 있다면, 그것은 마술이나 종교의 어법을 가진 사람들만 이해할 수 있는 종류의 일일 거야. 금융은 일종의 초객체야.

분명히 그렇지. 금융은 실제로 흥미로운 하위 주제인데, 금융을 초객체로 생각하는 것은 금융을 극도로 물리적으로 체화된 것으로 생각하는 것을 포함하기 때문이야. 도처에 실제로 체화되고 국소적인 자본주의가 많이 있어. 실제로, 오-소재적[오-국소적]dys-local이지. 그리고 네가 통신 얘기를 꺼냈으니 말인데 … 미국의 신자유주의 운동은 대부분, 뉴딜 정책이 건설한 – 도로, 다리, 댐 같은 – 거대한 공공 하부구조를, 특정한 국가 양태가 건설될 수 있게 했던 이동성 및 에너지 하부구조를 무시했어. 그러나 신자유주의의 통치는 전 지구적인 텔레커뮤니케이션의 하부구조와 인터넷에 아주 많은 투자를 했고, 인터넷은 결국 초객체로서의 금융의 가능성을 만들어냈지.

물론, 금융 자본 자체가 수 세기 동안 자신을 보편화하기를 열망해 왔어. 그러나 이러한 새로운 하부구조는 범위와 속도 – 속도! – 라는 측면에서 금융 자본이 보편화와 유사한 지점까지 갈 수 있게 만들었어. 가치는 빛처럼 움직일 수 있게 되었고, 모든 곳에서 거래에 대한 지대를 얻을 수 있게 되었으며, 그 효과는 무작위로, 완전히 변이되고 계획되지 않고 상상할 수 없는 방식으로 흩어지는 것처럼 보이게 되었지. 이렇게 해서 모든 통화 폭락과 투자 거품, 그리고 끔찍한 부채가 날씨 같은 게 되어버리지. 우리가 허리케인이 초래한 파괴에 대해서 허리케인을 비난하는 일이 있어? 아니, 그건 "신의 업"이야. 초객체성이라는 측면에서 금융은 "자연"과 같은 게 되었어. 이 마법사가 수습 알고리즘 빗자루를 휘젓는 건 오직 과거로서, 강력한 서버가 주식 거래를 제어하는 "현재"의 나노초 이내에 여전히 과거의 반영일 따름인 지금으로서 다가오지. 필요한 것은 미래를 향하는 정치적 방향설정이야.

국소적인 것the local이 죽었다는 게 아니야. 국소적인 것이 전이metastasized, 轉移되었고 보편적인 것이 어떤 방식으로든 죽었거나 매우 심각한 상태에 놓여 있다는 거지. 그리고 그 증상은 플랫폼을 가지지 않은 이 정당, 이 〈영국독립당〉[3]일 수 있어. 그 당은 '우린 유럽에서 나가고 싶다'라

---

3. UK Independence Party, UKIP. 1993년 창당된 영국의 유럽회의주의와 우익 포퓰리즘 정당.

는 플랫폼만을 가지고 있지. 그리고 다른 모든 것은 순수한 미학이야. 파시즘에 대해 벤야민이 싫어하는 점을 이상하게 떠올리게 하지.

그리고 다른 이상한 점은 그들이 동유럽인을 없애고 싶어 하고, 추방하고 싶어 한다는 거야. 혹은 적어도 〈영국독립당〉의 일부 구성원들은 주최 측이 두려워할 정도로 그렇게 말하고 있지. 아무도 입 밖으로 꺼내지 않는 것은 왜 그것이 검은 피부를 가진 사람들과 갈색 피부를 가진 사람들이 본국으로 송환되어야 한다고 말하는 것과 다른가 하는 질문이야. 이것이 실제로 보편적인 주장일까? 그건 인종청소나 [인종·종교를 이유로 행해지는 조직적인 약탈과 학살] 포그롬pogrom이나 홀로코스트와 같은 것일까? 아니면 동유럽인을 없애고 싶다는 것이 사실상 '우리가 모든 동유럽인을 받게 될 겁니다'라는 것을 두려워하는 것만큼이나 부조리한 것일까? 사실상의 큰 그림이란 건 전혀 없는 걸까? 그리고 왜 그것이 현시점에서 정치적으로 효과적일까? 다시 말하지만, 나는 국소적인 것의 끔찍한 전이가 있고 신자유주의가 그 예시가 될 것이라는 데 동의해. 포스트신자유주의적 미래를 상상하기 위한 우리의 도구들은 잘못된 도구일 수 있어. 과거에 기반한 도구라는 거지.

우리가 이 논의를 미국에 적용하고 이민을 정치적인 문제로 생각한다면, 많은 공명을 발견할 거야. 한편으로는 경계를 가진 민족, 민족적 공동체의 이미지를 유지하려는 노력이 있어. 다른 한편으로 우리는 다공성 이주 사회에 살고 있음이 분명해. 계층 구조에서 상위에 속하든, 중간에 속하든, 혹은 하위에 속하든, 기술 전문가이든 과일과 야채를 따는 사람이든, 온갖 전문 노동력이 도입되고 있어. 그럼에도 불구하고, 유럽에서처럼 국가적 순수성과 국가 외부적 침입종이라는 판타지를 향한 욕구가 증가하고 있어. 민족 사회의 실재론은 판타지이지만, 많은 사람이 이 판타지를 믿는 만큼 정치적인 관점에서는 이를 진지하게 받아들여야 해. 그건 특정한 종류의 실재야.

만약 네가 라캉주의자였다면? 다행히도 나는 아냐. 공포 영화에 나오는 괴물의 예시에서 볼 수 있듯이, 우리가 실재계를 상상하는 방식은 불편하게 강렬하고 부조리한 이미지라고 말할 수 있을지도 몰라. 실재계의 이미지는 우리가 실재계를 상징하는 방식이나 우리가 상징계를 깨닫는 방법 ─ 알잖아, 그 기이한 삼각형 ─ 과 달리 초과적이고,

부조리하고, 비합리적이며, 기괴해. 아마도 그것이 현현하는 방식 중 하나는 티파티와 〈영국독립당〉의 절대적으로 근거가 없는 금욕주의일 거야. 만약에 그들이, 자신들이 1775년식 의상을 입고 LARP(라이브 액션 롤플레잉 게임)⁴를 플레이하는 것이, 자유로운 흑인이 없는 세상을 원한다고 말하는 것과 같다는 점을, 사실 관계들을 연결시켜 깨닫게 된다면, 그들은 크게 화를 낼 거야. 그들은 다음과 같이 말하진 않을 거거든. '그래, 그게 정확하게 맞아. 나는 내 민족주의적 레더호젠ᵛᵒˡᵏⁱˢᶜʰ ˡᵉᵈᵉʳʰᵒˢᵉⁿ에 상응하는 것을 입고 있어.' 그게 이상한 이유가 여기에 있는데, 독일의 판타지가 바로 그거였던 것 같거든. 따라서 그것은 유사-파시스트 미학이지만, 거기에는 자신들의 인종차별과 마주했을 때 매우 화를 낼 수도 있는 사람들이 거주하고 있어. 그리고 이상하게도 스티브 킹 같은 사람은 칸탈루프만 한 근육을 가진 소년들이 사막을 가로질러 부조리

---

4. LARP는 라이브 액션 롤플레잉(live action role-playing)의 약자로, 게임 참가자들이 오프라인 현실에서 특정한 등장인물을 맡아 그 등장인물처럼 행동하며 이야기를 진행하는 게임이다. 다음 링크에서 LARP를 하는 사람들의 모습을 볼 수 있다. https://www.youtube.com/watch?v=laNOeA8hePU.

한 양의 마리화나를 끌고 다닌다는 이야기를 하지 ― 그가 말하기를 75파운드의 마리화나 말이야, 난 잘 모르겠지만, 75파운드의 마리화나가 건물 전체를 가득 채울 것이라고 그가 말했지. 그러니까 칸탈루프만 한 근육을 가진 130파운드 소년들이 사막을 가로질러 건물 높이만큼의 마리화나를 끌고 다닌다고 상상해 보라는 거지. 그건 누구도 이해시킬 수 없을 절대적으로 부조리한 이미지야.

하지만 왠지 그는 자신이 그 이미지를 상상하고 말할 수 있는 힘이 있다고 느끼는 거지. 이것이 우리가 말하는 것, 사변이야. 어떤 면에서 그것은 일부 사변적 실재론 철학이 실재를, 너를 집어삼키려고 하는 (또는 이미 집어삼켜버린) 부조리한 비합리적인 괴물로 상상하는 방식과 기묘하게 유사해. 아동 문학과 십 대 문학에 관한 이전의 대화에서 그런 것처럼, 나는 특정한 유형의 사변적 실재론 기획을 향한 십 대들의 눈에 띄는 열광에 주목하고 싶었어. 예를 들어, 〈웰컴 투 나이트베일〉이라는 팟캐스트가 있어.[5]

---

5. 조셉 핑크(Joseph Fink)와 제프리 크래노어(Jeffrey Cranor)가 2012년에 시작한 미국의 팟캐스트 시리즈로, 초현실적인 사건들이 일상처럼 일어나는 가상의 소도시 나이트베일을 배경으로 한 이야기이다. 다음 링크에서 들을 수 있다. https://www.welcometonightvale.com/

들어 봤어? 음, 못 들어봤다고.

방송을 시작한 지 벌써 몇 년이 되었어. [미국의 소설가] H.P. 러브크래프트와 [미국의 작가, 방송인, 인터뷰어, 스토리텔러] 개리슨 케일러의 조합 같은 거지. [미국] 남서부 어딘가의 작은 마을에서 내보낸 뉴스 보도의 모든 음모론이 사실임이 밝혀졌다는 전제로 시작되지. 그건 들어볼 만한 가치가 있어. 그건 저주체적-초객체적인 시대정신에 관해 무언가를 포착하지. 그리고 또 다른 것은 〈홈스턱〉[6]이라는, 마이크로소프트 그림판으로 만든 인기 웹툰이야. 아주 로우파이[lo-fi]하고 멋진 작품이야. 거기서 한 무리의 아이들은 "스버브"[Sburb]라는 게임의 베타를 설치하는데, 게임을 설치하자 유성들이 내려와 지구를 파괴해. 그리고 아이들은 일련의 다른 행성에서 일어나는 게임 환경으로 업로드되지. 그렇게 "스버브"를 플레이함으로써 교외의 실제 가정생활은 말살이 되고. 디지털 다운로드는 외계를 모험하기 위한 포털이 돼. 그 작품은 엄청난 팬덤을 가지고 있어.

그 다운로드 과정에는 [크로넨버그 감독의 1983년작 SF 공

---

6. 웹툰 〈홈스턱〉(Homestuck)은 다음 링크에서 볼 수 있다. https://www.homestuck.com/

포 영화] 〈비디오드롬〉이라는 선례가 있어. 네가 텔레비전을 켜자마자, 이질적인 존재자 — 그게 무엇이든 — 가 네 머릿속에 업로드되는 거지. 또는 〈링〉과 전화 다운로드를 생각해 보라고. 다시 말하지만, 내가 관심 있는 것은 시야 너머에 잠들어 있는 이 러브크래프트식 공포야. 이제 네크로노미콘[7]에 접근하기 위해 그것의 사본을 찾을 필요조차도 없어. 그냥 게임 파일을 열고 전화를 받기만 하면 되지. 너 자신의 호기심만으로 이미 너 자신을 망쳐버린 곳이야. 마치 크툴루[8] 세계관에서 "전 크툴루라는 게 뭔지 궁금해요"라고 말하는 것처럼 말이야. 유명한 유언이지.

그쪽으로는 가지도 말아. 크툴루가 대양 밑바닥에 잠들어 있을 때는 괜찮았어. 왜 굳이 걔한테 가서 흥분해야 했을까? 그 판타지에 관해 생각할 수 있는 방식에는 여러 가지가 있어. 그렇지만 그중 하나는 분명 초객체와 관련이

---

7. Necronomicon. H.P. 러브크래프트가 그의 작품 세계에서 창조한 가상적 책으로, 인간에게 큰 위험을 초래할 수 있는 비밀과 금지된 지식을 포함하고 있는 것으로 묘사된다.
8. Cthulhu. H.P. 러브크래프트가 시작한 코즈믹 호러 신화로, 인간의 상상을 뛰어넘는 기괴한 외계 종족들과 초월적 존재자들에 대한 공포를 묘사한다.

있지, 안 그래? 통계적으로 무의미한 아주 사소한 일 하나가 아주 파괴적인 거대한 행위로 확장되지. 그러므로 실제 행위조차 아닌, 단지 호기심의 반짝임이 그걸 다운로드하도록 유도하는 거야. 내가 방금 본 〈닥터 후〉 에피소드에서는 쉽게 이용할 수 있는 인터넷 서비스에 십 대들이 접속하자 에일리언이 와서 십 대들을 장악하게 되지. 그 특정한 무선wireless 옵션을 클릭하기만 해도 에일리언이 가까이 다가왔고 모든 안락한 것은 파괴될 것임을 선포하는 게 되지. 흥미로운데. 물론 넌 이런 것들을 멸종 판타지처럼 볼 수도 있겠지만, 십 대들 사이에서 인기가 많다면 난 뭔가 다른 일이 벌어지고 있다는 걸 느낄 수밖에 없어. 〈인터스텔라〉 봤어? 아니. 좀 더 이야기해 줘 봐.

그 영화 꼭 봐. 뭐, 그래도 아마 그 영화의 개요는 이미 알고 있을 거야. 전염병으로 황폐화된 인류세 행성, 인류의 마지막 희망은 그들이 떠날 수 있게끔 다른 행성을 찾는 것이야. 〈인터스텔라〉와 대조하며 〈홈스틱〉을 읽는다는 건 내게 깨달음의 순간이었어. 어떻게 보면, 〈인터스텔라〉는 인류세에 대한 좀 더 만화적인 반응처럼 느껴지는데, 변명 같고, 혼자 진지하며, 기묘하게 예측 가능하지. 〈홈스틱〉은 연관된 모든 사람이 도대체 무슨 일이 일어나고 있는지를 알아내려고 시도하는 ─ 그리고 때로는 재미있는 시도를 하는 ─ 수수께끼의 우주야. 나한테 하나의 해석이 있어! 머릿속에 에일리언처럼 가까이 다가온 해석이지. 다운로드 부탁해.

만약에 공식적인 설명과 정반대라면 어떨까? 다시 말해서, 단지 무언가를 보거나 호기심을 가지거나, 아니면 불쌍하고 가련한 청소년적 충동, 알잖아, '나는 섹스를 알고 싶어 … 아아!'가 재앙을 초래했다는 생각 말이야. 내가 정신분석가라면 난 아마 그곳을 볼 거야. 만약에 그것이 훨씬 더 일상적이지만 더 나쁘거나, 혹은 더 억압적인 것을 막고 있는 판타지라면 어떨까? 다른 말로 하자면, 이 가련한 충동이 이 세계에 불을 지른다는 생각이 이 계몽주의적 인간중심주의가 스스로를 드러내는 마지막 발악 중 하나라면 어떨까? 이것이 때때로 내가 사변적 실재론에 관해 말할 때 언급한 거야. 우주가 공포 우주인 것 같지만 그 공포는 여전히 그것에 대한 인간적 반응이라는 거지. 그러나 그것은 내 인간 존재의 인간중심주의가 가진 한계와 같아. 마침내 나는 내 이성에 의해 공포에 질렸고, 그리고 내 이성 자체가 공포이고, 나는 하늘로 치솟는 대신 크툴루-같은, 공포의 다면적multipodal 심연에 내가 포함되어 가고 있는 걸 구경하고 있는 거지.

그리고 어떤 면에서 그것은 내 사회적 공간에 내가 돌봐야 하는 비인간이 있다는 것을 스스로 인정하도록 자기 자신에게 말하거나 공포에 질리게 만드는 방법이야. 다른 말로 하자면, '그리드에 너무 많은 에너지를 소모하지 않도록 집의 배선을 바꿔야 할 수도 있겠어', 또는 '어쩌면 거리나 마을 또는 도시에 약간의 태양열 발전을 공급해야 할 수도 있겠어', 또는 '사람들과 함께 모여 그리드의 배선을 바꿔야 할 수도 있겠어' 같은 평범한 문제가 여기에서 차단되고 있는 거야. 우린 이미 그걸 알고 있지만 그럼에도 차단하고 있지. 나는 여기서 청소년들에게 대항하는 것이 아니고, 그들이 속았다고 말하는 것이 아니야. 그러나 어쩌면 그것은 십 대가, 상품 세계가 가능한 한 가장 평범하고 지루한 방식으로 비인간에 신경 쓰지 않도록 자극하려는 소비주의 범주인 것과 관련이 있을지도 몰라.

십 대들이 속아 넘어갔다는 건 아니야. 하지만 이 판타지는 내 천진난만한 리비도가 내가 통제할 수 없는 이 과정에 어떻게 사로잡히는가에 관한 것이기 때문에, 결국 이것은 정확히 이 커다란 것이 실재적인 것이 되는 방식에 관한 판타지야. 마치 〈영국독립당〉처럼, 나 자신을 안심시키기 위해 나는, 나를 억압하는 거대한 전 지구적 힘을 창안해내야 하기 때문에, 그건 사변적 실재론이라는 거야. 이상하게도, 내가 크툴루의 촉수 위에 놓인 작은 얼간이일 뿐이라고 상상하는 건 꽤 위안이 돼. 사실상 훨씬 더 귀찮고 짜증 나고 내 작은 리비도를 고갈시키는 끝없는 과업을 부여하는 상상을 하는 것, 즉 내가, 다른 행위자들과 계속 잘 지내야 하는 다른 행위자들의 세계 속 하나의 행위자라고 상상하는 것보다는 말이야. 내가 하는 사소한 일이 이 극도로 부정적인 ─ 파괴적이고 환히 빛나는 ─ 축복-공포의 오르가슴을 내 세계로 가져온다면, 나는 실제로는 내 리비도를 표면적으로는 꽤 지루하고 친숙해 보일 수 있는 에너지 네트워크에 연결하는 것을 상상할 수 있는 방식을 문자 그대로 억제하고 있는 거야. 알잖아, '지붕에 태양광 전지판을 깔자 …'처럼, 충당하는 것cathecting 말이야. 그 말이 정확히 맞아. 우리는 저주체성의 기능적 상태 ─ 다시 말해서, 우리가 인식하고, 이해하며, 두려워하고, 궁금하게 되고 있는 초객체들로 구성된, 기준적인 벌거벗은 생명으로서의 저주체성 — 와, 일단 저주체성이 저주체성으로 인식되고 포용되고 난 후에 그 저주체성으로 할 수 있는 것의 잠재성 사이를 구별해야 해.

저주체로 있음의 잠복적 형태와 저주체로 있음의 더 활기차고 자각적인 방식이 있지. 그건 초객체와 관련해서도 중요해. 마치 네가 크툴루의 촉수 위에 있다는 것을 알게 되면 세계가 변하는 것처럼, 초객체들이 세계에 있다는 것을 알게 되면 세계가 바뀌지. 그 이후의 세계는 결코 같은 것일 수 없어. 공포는 그 판단 속에 있어. 그리고 광기가 뒤따르지. 현대 세계가 지금 그런대로 현존하기 위해서 말하지 않는 채로 남아야 할 것들을 말하게 만든 것에 대한 처벌이 광기야. 그리고 거기에 관한 네 분석은 정말 좋아. 넌 축복-공포의 추구를 통해 우리가 실제로, 대량 수준에서, 차이를 만들 수 있는 관념과 행동에 투자하는 것으로부터 우리 자신의 주의를 돌리는 방식을 지적하고 있어. 이것은 기능적인 형태의 저주체적 경험으로, 여기서 "기능적"이란 현재의 인류세적 궤적을 유지하는 관점에서 기능적임을 의미해. 행성과 그 종의 관점에서, 그건 실제로는 매우 역기능적이야.

그것은 양날의 검이야, 그렇지? 네가 거기에 갇힐 수 있다는 것, 그것이 요점이지. 생태적 실천에 대한 나의 부조리한 [보드게임] D&D[던전 앤 드래곤] 맵은 죄책감에서 출발해. 행위해야 하는 이유는 네가 무언가를 잘못했기 때문이야. 그리고 결국 깨닫게 되는 거지, 행위해야 하는 이유는 내가 틀렸기 때문이야. 나는 나 자신의 끔찍한 것들로 인해 공포에 질려. 공포는 수치보다 한 수준 아래에 있어. 공포는 현상학적으로 더 정확하고, 재활용을 하지 않거나 심지어는 아무렇게나 하는 인간이라는 수치보다 더 설득력이 있어. 그러므로 그런 의미에서 공포는 실재론적이지. 그런데 다른 방면에서 너는 거기에 갇힐 수도 있어.

그리고 이건 십 대의 희망에 관해 말하고 있는 거야. 실제로 공포는 필연적인 단계이고 십 대가 공포에 빠졌다가 그것을 헤치고 나오는 것은 적절한 것이라는 거지. 내가 얘기를 좀 나누고 싶은 대상은 다양한 공포 쇼를 만들고 그것들에 관해 논문을 출판해서 돈을 벌고 있는 어른들이야. 이 모든 끔찍한 것들을 거래하는 것은 기업들이야. 어떤 면에서 청소년적 공포는 훨씬 덜 냉소적인 공포이기 때문이야. 그건 사실 필연적인 경험이지. 물론 그것은 죄책감, 수치를 느낀 다음에 통제할 수 없이 떠오르는 성에 의해 공포에 빠지는 필연적인 경험과 동일한 형태를 띠고 있어. 알다시피, 이런 호르몬들이 있고, 나는 이 몸 안에 있어. 나는 사실 촉수 위의 얼간이인 거지. 그건 필연적인 순간이지만, 사로잡히고 싶은 순간은 아니야. 아마도 저주체의 출현은 그런 위상을 거치는 것 같아. 그러나 거기에 갇히고 싶어 하는 사람들, 끊임없이 공포를 퍼뜨리고 싶은 사람들, 그들이야말로 조심해야 할 사람들이야. 그것이 우리가 '우리는 우리의 에너지를 어떻게 해야 하는가'라는 의문을 다루는 방식이야. 왜냐하면 우리는 어떻게 거대 석유업체 때문에 모든 것이 총체적으로 망했는지에 관해 또 다른 책을 쓸 수 있거든. 혹은 이 책 『저주체』와 같은 책을 쓸 수도 있지. 지금 이게 우리가 하고 있는 일이라면 좋겠지만. 즉 우리가 완전히 망한 것은 아니라고 말할 수 있는 책 말이야. 사실, 그리드를 재조정하는 건 완벽하게 가능하다는 것. 또는 우리가 앞에서 말했듯이 그리드를 점거하거나 스콧하기. 그리고 내부에서 조금씩 무력화시키기.

　나의 이데올로기 비판의 관점에서 보면 다음과 같은 점

이 보여. 이 공포 이미지는, 나는 작고 하찮고 무의미한 인간 어쩌고 저쩌고 어쩌고임에도 불구하고 어떤 큰 그림이 있다는 것, 그런 것을 유지하거나 느끼는 방식으로 기능하고 있어. 뒤집힌 디스토피아 계몽주의 사상 같은 거지. 그런데 요약해 보면 그건 사실 다른 무언가를 향하는 길에 있는 정류장이기도 해. 양진주의적인 이미지지, 안 그래? 그래 맞아. 그리고 이것이야말로 게임하기gaming가 아주 중요한 이유야. 내가 보기에 게임하기는 판타지와 실험을 위한 장소일 뿐만 아니라 규모와 위상과 소재를 넘나들며 작동하는 상상력의 훈련을 위한 장소이기도 해. 게임하기는 저주체가 자기 능력을 배우고 확장하는 방법이야. 게임하기는 세계를-여는 것이고 우리가 처한 상황에서는 이것이 중요해. 우리가 경로 의존적이고 조작된 게임을 하고 있으며, 행복한 삶은 석유회사와 그리드가 제공하는 서비스에 달려 있고, 그 무엇도 결코 바뀌지 않을 테니 그냥 그걸 최대한 활용하라는 속삭임에 우리가 따를 것인지, 그 세계는 우리에게 질문을 던지지. 그러나 게임 구상은 예상치 못한 사유 노선이 발달할 수 있는 장소야. 물론, 게임이 사회제도적 구조를 가지고 있다는 건 우리 모두가 알고 있는 거야. 하지만 이건 진지하게 취급해야 할 일이야. 기업들은 그 점을 진지하게 취급하고 있음이 분명해. 게임화라는 현상이란 자고로, 그저 네가 정말 열심히 일하고 있고 네 일을 즐기는 것처럼 보여야 한다는 거라기보다는 네가 진정으로, 실제로 진짜 즐겨야 한다는 거야.

그렇지 않으면 넌 이 게임에서 점수를 얻을 수 없을 것이고, 이건 실제로 네가 일을 하는 데서도 마찬가지인데, 왜냐하면 업무 인터페이스가 이제는 게임이거든. 그러니까 넌 기업의 리비도가 너를 관통할 수 있을 정도로 널 빨아먹게 해야 해. 이는 게임 ─ 우리는 비디오게임에 관해 말하고 있어 ─ 이 강력한 야수임을 시사하지. 비디오게임, 하지만 테이블탑과 롤플레잉도 그래. 다양한 종류의 게임이 있고, 이 과정에서 그것들을 모두 진지하게 받아들여야 해. 사람들이 자신의 저주체성을 진지하게 받아들이도록 만들 수 있는 요소에 관해 생각할 때 말이야. 학술 논문이나 영화는 분명히 그런 작용을 할 수 있는 잠재력을 가지고 있어. 그러나 널리 이용 가능하고 순전히 유희적인 성질로 ─ 심지어는 자신들이 무엇에 끌리는지 실제로 확신하지 못하는 경우에도 ─ 사람들을 끌어들이는 자기의 테크놀로지

technology of the self에 관해 생각할 때, 게임에 관해서도 생각해 보아야 해. 이상하게도, 1970년대 후반 사이에 〈던전 앤 드래곤〉의 부상과 병행하여 롤플레잉 게임 〈콜 오브 크툴루〉가 등장했어. 나 그거 알아, 예전에 플레이해 봤어. 이야기해 줘. 왜냐하면 어떤 면에서는, 네가 그 게임을 가지고 게임을 성립시킬 수 있다는 것 자체가 상당히 반직관적이거든. 왜냐하면 추정상 이것이 우리가 살고 있는 우주라는 게 그 관념의 전부거든. 넌 그걸 조정할 수 없어. 그러나 그걸 롤플레잉 게임으로 만드는 것은 적어도 다른 일이 일어날 수 있다는 가능성을 시사해.

너와 나는 모두 그 세대, 우리 둘 다 〈던전 앤 드래곤〉을 플레이했던 세대야. 그런 게임에는 대부분 등장인물 시트와 주사위, 룰북이 있어. 하지만 나와 내 친구들을 〈콜 오브 크툴루〉에 매료시킨 것은 그 게임이 적어도 우리가 어떻게 플레이할 것인지에 관해서 자유로운 상상적 플레이를 수용한다는 점이었어. 우리는 이미 러브크래프트 우주와 꽤 친숙했어. 그래서 그것은 즉흥 연극에 가까운 것이 되었고, 게임 마스터는 본질적으로 이야기꾼으로서 작동하여 게임 플레이를 통해 탐색할 수 있는 미스터리를 설정하지. 문제는 야수beast들이 정말… 말도 안 돼. 부조리하지만 치명적이기도 하지. 부조리하게 치명적이야.

그것들은 플레이어들을 미치게 만들었어. 그리고 솔직히 말해서 공식적인 게임 메커니즘은 실제로 러브크래프트의 우주를 불러들이기에는 부족했어. 만약 규칙을 엄격하게 준수한다면 '주사위를 굴려 횡설수설하는 광기에 빠졌는지 확인하세요'와 같은 순간을 경험할 수 있어야 하거든. 그건 내가 보기에는 러브크래프트의 정신을 잘 포착하지 못했어. 우리가 이야기해 왔듯이, 괴물들 사이에 살고 있다는 이 감각, 임박하는 인식의 차가운 냉기를 느끼는 거 말이지. 그리고 그런 방식으로 우리는 그것이 우리가 플레이했던 〈던전 앤 드래곤〉 같은 부류의 모험과는 다른 것을 요구한다고 느꼈지. 〈던전 앤 드래곤〉이 요구하는 건 좀 더 일상적인, 노동력이 드는 일종의 '던전 아래로 내려가서 8시간을 보내자', 그리고 전리품을 가지고 나와서 사용하자는 거였어. 크툴루 신화는 너를 완전히 바꿀 수 있는, 극단적으로 다른 규모와 의의를 지닌 무언가를 조우할 가능성에 관한 거야. 벤야민의 용어로 그것은 메시아적 시간을 경험하는 것에 관한 문제지. 균질한 선형적 시간을 따라 묵묵히 걸어가는 게 아니란 말이야. 한때 숲이었던 곳에 콘크리트를 붓는 것처럼 미래 위에 과거를 짓는 게 아니란 말이지.

흥미롭게도, 우리의 두목인 극도로 통제 불능에 궤변가 같은 던전 마스터 — 다 그렇지 않아? — 는, 몇 달 동안 이 다른 차원이 무엇인지 알아내기 위해 노력한 끝에야 점차 모든 사람에게 선명해지는 세계로 우리를 보냈어. 크툴루 신화의 차원 말이야. 진짜 해결책은 여기서 벗어나는 것뿐이라는 점이 차츰 드러났지. 아무튼, 네가 무슨 말을 하는지는 알겠어. 롤플레잉 게임은 실제로 좀 흥미로워. 나는 미적 형식이 그것이 궁극적으로 상주하는 물리적 매개체에 필연적으로 제한되지 않는 방식에 관해 생각하는 데 매우 열심이야. 내가 보기에 [영국 낭만파 시인] 워즈워스는 특정한 방식으로 영화를 발명했어. 그가 시를 쓰는 방식은 셀룰로이드 영화를 제작하는 것이 중요해지는 그런 판타지 공간을 열어 — 변화하는 시선과 내적인 운동성이 존재하는 진짜로 장황한 서사 말이야. 그의 시를 보아도, 무운시를 한 페이지 한 페이지씩 넘길 때마다 셀룰로이드 영화 필름을 한 발짝 한 발짝씩 닮아가지. 그래서 나는 그 롤플레잉 게임들이 저주체에 관한 비디오게임 같은 것을 생각하거나 생각할 수 있게 하는 판타지 공간을 열어주는지가 궁금해. 내가 보기엔 열어주는 것 같아. 그리고 너는 〈콜 오브 크툴루〉의 근본적인 매개변수들을 무시해야 그 세계에 의미 있는 방식으로 롤플레이어로서 거주할 수 있었다는 점을 지적하고 있어. 그건 사실 우리가, 철저하게 석유로 총체화된 끔찍한 세계라고 여기는 것을 무시할 필요가 있다는, 우리가 당면한 정치적 과업과 매우 동질적인 것으로 보여.

『사이클로노피디아』[9]의 세계 말이야. 네가레스타니의 석유학naphthology 말이지. 그것은 크툴루 세계, 석유로 증식되거나 매개되는 세계야. 훌륭한 기획이지. 기묘하게도 저 주체는 이 탈소재화된 총체성을 무시할 때 정치적으로 더 효과적인 것이 돼. 만약에 그것의 전조등에 걸린다면 넌 아마 꼼짝달싹할 수 없을 거야. 넌 일종의 냉소적 이성에 의해 마비되지. 게임 공간에서 하는 모든 일은 결국 미쳐가는 것과 관련이 있어 ― 주사위를 던질 때마다 미쳐버릴

---

9. 레자 네가레스타니, 『사이클로노피디아』, 윤원화 옮김, 미디어버스, 2021.

가능성이 점점 더 커지거든. 〈던전 앤 드래곤〉 용어로 러브크래프트 괴물은 −20 카리스마를 가졌어. 이는 기본적으로 네가 괴물을 봤을 때 완전히 돌아버리게 된다는 것을 의미하지. 천 마리의 새끼를 거느린, 숲의 검은 암염소를 기억해?

셔브−니구라스Shub-Nigguarath였던 것 같아. 셔브−니구라스! 엄청난 이름이야. 여성혐오주의적이자 인종차별주의적이지. 음, 러브크래프트는 둘 다였어. 그렇지? 정답. 이 기획이 진행됨에 따라, 난 우리가 저주체성이 게임−제작과 게이머−제작을 위한 매우 비옥한 기반을 제공한다는 착상을 강력하게 밀어붙여야 한다고 생각해. 그건 우리가 게임 제작을 통해 저주체를 번역하는 방법을 정확히 생각하기 위해 우리가 추구하는 것의 일부여야 해. "천 개의 고원" 대신 "천 개의 비디오게임"이라고나 할까? 혹은 그냥 "천 개의 게임". 오늘날 비디오게임은 여러 면에서 훌륭하지만, 상상력을 제한하지 않는 면에서 롤플레잉 게임만큼 훌륭해지기까지는 아직 갈 길이 멀어. 당장은 그것들이 아름답다고 해둘게. 비디오게임은 결국 영화를 대체하게 될 거야.

비디오게임은 빠르게 영화에 따라붙고 있어. 그리고 영화는 비디오게임과 그것의 높은 상호작용성, 오픈월드[10], 줄거리와 그 결과에 대한 더 큰 영향력에 대응해서 엄청난 변화를 겪을 거야.

우리가 하는 말이 타당하다면, 정치를 향한 놀이하는 태도도 일종의 게임 공간이야. 정치적 행동도 일종의 롤플레이가 되지. [아이슬란드의 수도이자 최대 도시] 레이캬비크의 시장실에 있는 욘 그나르처럼 말이야. 나는 그가 거기서 매우 진지한 게임을 하고 있었다고 생각해. LARP를 정치권에 끌어들이는 것이 그가 한 일의 전부였어. 롤플레이와 정치적 행위 사이에는 어떤 종류의 친화성, 혹은 친화성 이상의 것이 있어.

오늘 우리가 시작한 곳으로 되돌아가서, 우리가 이러한 음울한 정치적 판타지와 게임 ─ 〈영국독립당〉의 게임과 티파티의 게임, 그리고 그런 게임들에 참여하도록 미끼에 걸린 다른 사람들 ─ 에 살도록 요청받는 세계에 살고 있다면, 우리가 이미 이용할 수 있는 게임 매체를 통해 새로운 정치적

---

10. 직선적인 게임 플레이와는 반대로, 사용자가 가상 세계를 자유롭게 돌아다니며 탐험할 수 있는 게임 설계의 한 유형.

가능성을 열어낼 새로운 종류의 사변적 애착과 실천의 확산을 요구하지 않으면 안 될 이유가 있겠어?

이러한 현상들을 퇴행적인 것으로뿐만 아니라 즉시 무시되어야 하는 일종의 '전에 이미 있었잖아' 유형의 네오파시즘으로 단순히 일축하는 행위는 〈영국독립당〉이 기본적으로 LARP 플레이어, 자신들의 게임이 주변의 유일한 게임이기를 원하는 LARP 플레이어임을 알아채는 걸 막지 못해. 왜냐하면 다른 정치 형태들은 전혀 게임 같지 않거든. 그들에게는 사람들의 마음을 사로잡는 무언가가 있어. 그래서 이상하게도, 우리에게는 더 많은 〈영국독립당〉들이 필요해. 하지만 다른 방식으로, 반인종차별주의적이고 반민족주의적인 것으로 말이야. 〈영국독립당〉 사람들은 여전히 그들만의 방식으로 초주체가 되기를 열망해.

〈최고당〉Best Party에는 "최고"Best라는 말이 있어. 〈영국독립당〉UK Independence Party에는 "독립"Independence이라는 말이 있지, 너도 알다시피, 영국UK 독립 말이야. 그리고 "최고"라는 단어는 '우리는 모든 정책 중 가장 좋은 것을 취해서 나머지가 무엇이든지 간에 그것들을 모두 뭉개버릴 것이다'라는 것을 상기시켜. 이데올로기는 무슨. 그건 하나의 알고리즘이야. 여기에 유사성이 있다는 거야. 내가 무슨 말을 더 하든, 너도 알다시피, 결국 영국은 유럽에서 독립해야 한다는 말을 하게 될 거라는 거. 내 정치적 발언들에는 하나의 규칙이 있다는 거. 〈최고당〉에도 하나의 규칙이 있지만, 아이러니하게ironic 엄지손가락을 치켜드는 동작이 있을 뿐이야. 실로 엄청난 무한 개선인 것처럼 보이지.

감산, 초월, 초과, 내파, 특이점, 저월, 탈연결, 룸바들

어떤 종류의 존재자가 저주체일 수 있을까? 우리는 인간 존재자에 관해 많은 이야기를 했지만, 다른 유형의 존재자는 어떨까? 인정 없는 사람은 이렇게 말할 거야. "아, 인류세에 개입하려고 하면서 인간중심적인 것 좀 봐. 심지어 그중 한 명은 인류학자야." 한 문장에 "인"ᄉ을 참 많이도 썼네.

사실 그게 우리의 현 위치이기는 해. 그러므로 어쩌면 여기가 대화를 확장시키기에 적절한 순간일 거야. 저주체의 개념은 비인간을 포함할 만큼 충분히 튼튼robust할까? 반드시 비인간을 포함해야 할까? '튼튼하다'는 말이 딱 맞아. 내가 저주체라는 개념에 관해 좋아하는 점은 그것이 감산적substractive으로 느껴진다는 거야. 주체의 일부 특징을 제거하여 일반적으로 허용되지 않는 영역으로 스며들게끔 하는 거지. 그건 제거주의적인 게 아니라 감산적인 거야. 우리가 구별을 만든다면 말이지. 우리는 '우리 모두는 원자로 이루어져 있고 그것이 우리가 동등하게 유효한 이유'라고 말하는 것이 아니야.

우리는 저주체의 저hypo-성질이 우리가 일반적으로 주체성과 연관시키지 않는 범주적 영역으로 저주체를 이출

할 수 있게 해주는 면모를 갖추고 있다고 말하는 거야. 어떻게 보면 그 개념은 '약해.' 그것이 유효하지 않다는 것이 아니라 주체에 관한 이빨 빠진 개념이라는 거야. 아니면 그냥 야생적인 개념일 수도 있고. 우리는 그것을 지나치게 사육하거나 지나치게 합리화하고 싶지 않아. 왜냐하면 그렇게 하는 것이 바로 우리가 이 책에서 추구해 온 전체 사유 노선의 요점과 어긋나기 때문이야.

사육화와 관련해서 말인데, 나는 특이점이라는 무서운 개념과 인간이 다시 한번 자신을 초월할 수 있다는 관념에 관해 라디오에서 이야기한 적이 있어. 인공 지능이 우리보다 더 강력해지며 이를 사용하여 클라우드에 우리 자신을 업로드하게 되는 시대를 거칠 것이라는 등 [미국의 컴퓨터 과학자이자 미래학자] 레이 커즈와일이 좋다고 생각하는 모든 것, 이 관념은 무섭고 유토피아적이야. 마치 죽음에 대한 광적인 회피처럼 말이야. 일부 정신분석가들이 정확히 죽음 그 자체라고 말하는 거지.[1] 난 그게 고전적인 인간의 이

---

1. 프로이트는 삶의 목적이 무기물 상태로 돌아가는 것, 즉 죽음이라고 주장한다. 예를 들어, 세포는 생존을 위해 영양분을 섭취해야 하므로 세포의 경계는 투과성을 지니고 있어야 한다. 이 투과성은 에로스, 삶의 충동이다. 그리고 세포는 외부에서 받아들인 것을 소화해야 하며, 대사작용을 통해 평

야기 — 우리가 우리 자신을 초월할 수 있다는 거 — 라고 생각하고, 사육화의 언어와 자기-초월의 언어는 약간 함께 짝을 이룬다고 느껴. 적어도 하이데거 같은 사람 — 그리고 그의 충만한 봉건적 농업 모티브 — 에 관해 읽을 때, 이 현존재란 관념이야말로 항상 그 자신을 초월하고 자기 세계를 초월하고, 그러므로 다른 존재자들을 자비롭게 그 잔디가 깎인 운명적인 길로 떨어지게 하는 거 아니야? 한편으로, 양과 풀 같은 다른 종류의 존재자가 그렇게 할 수 있도록

형 상태(equilibrium)를 달성하려고 한다(즉, 무기물 상태로 돌아가려고 한다). 이것은 죽음충동이다. 세포는 외부의 강도에 저항하기 위해 준-무기적인 비생명의 막을 형성하며, 이것은 죽음의 방패가 된다. 모턴에 따르면, 만약 생존이 "계속 살아가는 것"을 의미한다면, 유기체의 "생존"은 평형 상태를 달성하려는 DNA 복제의 죽음충동에 따른 결과이다. 모턴이 말하듯, "반복은 죽음충동의 특징이다." 모턴에 따르면, 죽음에 대한 회피, "생존에 대한 호소는 전-프로이트주의적 우주로 돌아가려는 소망, 배움을 무효화(unlearn)하고 사고를 무효화(un-think)하려는 소망이다. 그 호소는 그 내용에서는 죽음충동을 거부하지만 그 형식에서는 도착적으로 죽음충동을 구현한다." 생존의 운동은, 한편으로는 자신의 과거를 유지하며 상실에 저항하는 것이지만, 다른 한편으로는 과거와 분리되어 상실에 열려 있는 미래를 살아간다는 것이다. 나는 내 생명을 지울 수 있는 미래, 그렇지만 동시에 살아갈 기회를 주는 미래에 자신을 노출시킬 때에만 살아갈 수 있다. 그러나 불멸의 상태는 가설적으로조차 죽음을 상쇄하지 못할 것인데, 그것이 생명의 시간, 어떤 일이 일어나고 생존할 수 있는 가능성 자체를 없앨 것이기 때문이다. Timothy Morton, "Thinking the Charnel Ground (the Charnel Ground Thinking) : Auto-Commentary and Death in Esoteric Buddhism," *Glossator* 7 (2013), 73~94, https://bit.ly/3KAz06Z를 보라.

하는 것은 좋은 것일 거야. 그런데 다른 한편으로, 그렇게 하는 것이 우리가 이 저주체 개념으로 추구하는 것과 정확히 반대되는 것일 수도 있어. 아마도 저주체라는 관념은 실제로 그 자신을 초월할 수 없는 존재자에 관한 것일 거야.

다종multispecies은 오늘날 매우 중요한 방식으로 사유의 생태학의 일부를 차지하고 있어. 내 생각에 다종은 인류가 그 위에 올라서서 자신의 인간성을 대문자 H로 쓴 인간성 Humanity으로 만든 그 정점에 대해 질문을 제기함으로써, 북반구-서구의 특권의 제국으로부터 피난처를 찾는(진짜-문제는-바로-이거라고!) 하나의 기획을 향해 나아가기를 열망하고 있고, 설득력 있게 그렇게 하고 있어. 종들 사이의 관계와 서로에 대한 책임, 상호적 권한에 관해 생각하기 시작함으로써 말이야. 도나 해러웨이는 매우 중요하고 또 잘 알려져 있음에도 불구하고, 여전히 그녀가 실제로 받을 만한 명성을 얻지 못하고 있어. 라투르를 라투르 자신의 길로 인도한 『영장류 비전』*Primate Visions*에 대해서 말이야. 그리고 『겸손한_목격자』[2]에 대해서도 그렇지. 그 책

---

2. 도나 J. 해러웨이, 『겸손한_목격자』, 민경숙 옮김, 갈무리, 2007.

은 인류가 살고 싶어 하는 근대성의 붕 뜬 세계를 만드는 데 필요한 비인간 노동의 대규모 집결에 관한 강력한 진술이지. 모든 시험testing, 모든 실험, 모든 근육노동 말이야.

거기에 모든 비광합성 존재자가 태양 에너지를 사용할 수 있게 해주는 광합성을 추가하자. 광합성기photosynthesizer 없이는 아무것도 없어. 난 온코마우스 논문에 아주 빠져 있어. 우리의 큰 문제 중 하나로 남아 있는 일종의 서구 농업 양식은 일종의 장치, 준지식paraknowledge 체제라고 할 수 있어. 방 안의 코끼리[금기시되는 문제]가 다른 존재자들을 자기 궤도로 빨아들이고 말 그대로 유기하는 거야. 그리고 그 기획은 그걸 초월하기보다는 그 아래에서 기어 나올 방법을 생각하는 것 같은데, 왜냐하면 초월이 정확히 그 농업의 작동 방식이거든. '우린 어떻게든 우리의 물질적 조건을 초월할 거야.' '우리는 2, 3주간의 존속 기간보다 더 긴 시간 지평을 열 수 있을 거야.' 이상하지 않아? 이러한 종류의 존속 시간성이, 시간이 광대하고 액체적이며 모든 곳으로 뻗어 나가는 훨씬 더 광대한 꿈의 시대 존재론 — 아니면 유령론인가? — 과 공존한다는 거 말이야.

그리고, 계속해서 말하진 않겠지만, 이것이 바로 뛰어

난 감독 크리스토퍼 놀란이 영화 〈인터스텔라〉에서 한 일에 관해 내가 문제라고 느끼는 점이야. 이건 정확히 초월에 관한 거야. 이건 여기 휴스턴에서 석유 및 가스 산업에 투자하는 사람들과 이야기할 때와 정확히 같아. 우리가 원하는 만큼 석유를 퍼내면서도 여전히 깨끗하고 지속 가능한 환경에서 살 수 있는 단 하나의 마법 같은 탄소 격리 기술 혁신을 이루면 모든 것이, 적어도 우리가 신경 쓰는 모든 것이 괜찮아질 것이라고 믿는 것과 같지. 그건 강력하고 유혹적인 판타지.

요점은 그것이 참이라 하더라도 지금은 다르게 생각할 순간이라는 거야. 우리가 버튼을 누르면 우리의 모든 문제가 생태학적으로 사라진다는 것이 참이라고 하더라도, 이 인식론적 장치와 연계된 거대 석유 기업이 버튼을 누르는 세상에서 여전히 살고 싶다고 생각해? 그리고 당연히 백인 석유 남성의 문장에서 '우리'는 '우리 인간들'이겠지. 다른 종 등등은 고려하지 않아. 따라서 — 미안, 이건 좀 옆길로 새는 건데 — 당신이 농업 혁명, 농업로지스틱스의 중요성에 관해 이야기할 때 그것은 정확히 인간을 섬기게끔 다른 생명체를 질서 짓는 것에 관한 거야? 그게 네가 초점을 맞추는 문제인 거야? 우리는 인간의 생명을 위해, 인간이 한 장소에 머물 수 있도록 다년생 옥수수가 지속적으로 생산될 수 있도록 하지. 따라서 다른 모든 것은 우리를 위한 음식과 노동으로 조직돼.

어떤 면에서는 모든 것이 항상 그렇게 하고 있어. 우리는 언제나 사물들에 관한 우리의 개념에 따라 사물들을 배치하지. 그리고 아마도 양상추 조각은 포크에 관한 자신의 개념에 따라 자신을 포크에 배치할 거야. 나도 몰라, 난 양상추 조각이 아니니까. 그렇지만 어떤 면에서 모든 것은 일정한 방식으로 세계를 자기만의 목적에 맞게 형성하고 있어. 농업로지스틱스 이면에 있는 암묵적인 철학은 지구 규모로 확장하고 12,000년 동안 작동하도록 놔두면 분명히 다른 생명체에 유독할 따름이라는 게 요점이야. 그리고 그것이 하는 일 중 하나는 인간 더하기 소[가축]cattle로 분류되는 사회 공간 내부와 외부 사이에 얇고 단단한 경계를 설정하는 거지. 그리고 물론, 흥미롭게도, 소, 자본capital, 재산chattle은 사실 어원학적으로 모두 같아. 지난주까지만 해도 난 소와 자본이 같다는 것을 깨닫지 못했어. 나는 방금까지 [독일 철학자] 페터 슬로터다이크를 읽었는데, 그가 말한 것 중 하나는 에너지를 생각하는 게 인간의 경제적 관계를 생각하는 것보다 한 단계 고등하다는 거야. 그리고 새로운 프롤레타리아, 즉 소에 대해 생각하는 것도 그렇대.

그는 이러한 존재자들이 새로운 종류의 프롤레타리아로 여겨져야 한다고 말하는 거야. 소들은 믿을 수 없는 규모로 생산되고 사육되고 도살되고 있어. 지난 20년에서 30년 동안 우리가 해 온 것과 인류 역사에서 우리가 해버린 모든 일 사이의 차이는 정말 어마어마해. 그러나 그것은 사물들이 우유성으로 장식된 조작 가능한 덩어리라는, 그러한 철학의 일종의 세척-헹굼-반복이야. 그리고 현존하기가 현존하지 않음의 어떤 성질보다도 낫다는 철학 말이야. 그러니까 미시적인 작은 밀알과 예쁜 꽃보다 즙 많은 커다란 밀알이 더 낫다는 거야. 그건 우리가 무의미한 나타남으로 받아들이는 것과의 전쟁이야. 그래서 우리가 저 주체에 관해 이야기할 때, 우리는 그 기저에 있어 벌레와 돌고래, 그리고 인간은 기본적으로 같은 종류의 덩어리라고 말하는 것은 피하는 것이 좋아. 우린 그런 방식으로 환원주의자가 되어서는 안 돼. 대신에 우리는 능수능란한 초월의 반대가 무엇인지 정의해 보는 게 좋을지도 몰라. 만약 그 반대가 누구도 결코 손댈 수 없을 어떤 기계의 부품이 되는 게 아닐 따름이라면 말이야. 난 그런 움직임이 맘에 들어.

초월하는 것 대신에 더 거대한 민감성을 개발할 수 있다고 말할 수 있을까? 내가 계속 생각하는 것 중 하나가 이거야. 아마도 초월의 반대는 더 다양한 너-아닌-사물들, 대부분은 ─ 어느 정도까지는 너 자신의 신체를 포함해서 ─ 비인간인 것들에 더 민감해지는 것일 거야. 그런 한에 있어서, 인간종은 어떤 면에서는 인간이 아니야. 장내 세균과 기타 미생물, 인간 세포보다 우리 몸의 10배나 많이 차지하는 미생물을 기억해 봐. 그들은 작지만 활동적이야. 내가 보기에 네가 말하고자 하는 건 우리가 다른 존재자들과 상호연결되어 있고 다른 존재자들에 민감하다는 사실에 우리가 주의를 기울여야 한다는 것 같아. 그리고 초객체들이 흐릿하게 다가오고 있는 인류세에서 우리는 새로운 종류의 민감성을 경험하지만, 새로운 잠재적 동맹도 발견하곤 하지. 예를 들어, 대량 학살 산업 도축장에서 죽어가는 소와 해수면 상승으로 인해 집이 물에 잠기며 난민이 될 수밖에 없었던 인간 사이에서 말이야. 양쪽 모두 상호 관련된 과정에 의해 소멸되는 형태의 생명이며, 거의 동일시되지는 않지만, 공통의 이해관계를 가지고 있지.

그러므로 거기엔 상호관계와 민감성이 있어. 그러고는 좀 더 정치적인 수준에서 동맹이 있지. 네가 장내 세균 없이는 있을 수 없다는 점을 깨달으면 넌 현상학적으로 장내 세균에 민감해질 수 있고, 이로 인해 너의 특별성과 장악의 감각은 약화될 수 있어. 그러면 그건 네가 동맹을 형성하도록 너를 북돋지 — 이것이 바로 우리가 감지하는 정치적 움직임이야.

그건 재인식을 요구하기도 해. 난 해러웨이적인 의미에서 말하고 있는 건데, 그건 우리가 근대성을 구성하는 데 필요한 방대한 양의 비인간 및 인간 노동을 재인식하고 되찾을 필요가 있다는 것을 의미해. 그 노동은 제도적 장벽 뒤에서 완전한 침묵으로 몰리고 고립되었지. 보이지 않고, 사고되지 않은 채로 말이야. 우리는 인간의 발명과 천재성과 돌파구에 관해서만 듣지. 그리고 이건 다시 초월에 관한 거야. 우리는 그것을 실현시키기 위해 조직된 모든 생명에 관해 전혀 듣지 못해.

그리고 우리가 무언가를 발명하는 위대한 천재들에 관해서 들을 때, 우리는 그들을 지원하는 직원들의 거대한 팀에 관해서는 들어보지 못해. 나는 어떤 물리학자도 더 이상 '유럽 입자 물리 연구소'CERN에 대한 권리를 주장할 수 없다고 생각해. 사유재산의 개념에 근거한 저작권 통제에 대한 이러한 경향은 대부분의 다른 존재자를 단순히 그 관념이 나타나게 하기 위해 현존하는 비가시적 비체 가축으로 취급하는 것으로 이어지지. 그러나 우리는 그것이 우리 모두를 하나로 묶는 일자, 생명의 일반적 범주로 존재론적으로 환원하도록 놔둘 수 없어. 그건 다시 초월을 밀수하는 거지. 그건 하나의 최고 생명정치 범주야, 안 그래? 기저에서 우리가 모두 똑같다면 우리를 조작하기가 훨씬 더 쉽겠지.

그리고 왜 인간이 일을 주도하면 안 되겠어? 우리는 명백히 가장 똑똑한 존재자 계급, 가장 강력하고 선택받은 존재자일 텐데. 그러니까 우리가 모두 살아 있기 때문에 연대성이 있다는 이 생각은 우리가 가질 수 있는 최악의 유사-동맹일 수도 있어. 그건 동맹이 아냐, 안 그래? 왜냐하면 동맹은 필연적으로 유한하니까. 이 생각, 완전한 보편적

우산 — 생명 — 에 대한 호소, 이게 정확히 문제야. 나는 요전 날에 권리의 관점에서 이 점에 관해 생각하고 있었는데, 몇몇 사람이 말하는 것처럼 이건 우리가 침팬지들이 동물원을 떠날 권리를 갖도록 캠페인을 열어서는 안 된다는 걸 말하고자 하는 게 아니야. 오히려 모든 생명체에 관해 관대하고 인자하게 인간중심적인 방식으로 권리를 적용하면 의미가 없어진다는 거야. 권리는 배제에 의존하는데, 왜냐하면 권리는 소유와 재산, 나아가 사유재산의 개념에 의존하기 때문이야.

그래서 결국 넌 에이즈 바이러스가 에이즈에 걸린 사람과 마찬가지로 현존할 권리가 있다는 것과 같은 역설적인 생각들에 도달하게 되지. 그러므로 생명이라는 이름 아래에서 맺는 종들 간의 동맹이라는 모델은 빠르게 무너지게 돼. 넌 동맹을 필연적으로 유약하고 일시적이며 때로는 폭력적인 것으로 간주해야 해. 네가 에이즈 바이러스를 원하지 않기로 결정했다면, 넌 어떤 아지도티미딘[항레트로바이러스제의 일종]과 협력해야 해. 그 점에 관해 라투르주의자가 되고 싶다면, 넌 아지도티미딘이 네 네트워크에 속한 행위자이길 원할 거야. 그건 좋은 지적이네. 세상의 모든 작은 피조물이 공통의 이해관계로 인해 함께 결속하고 초객체들과 초주체들을 극복할 수 있다는 희망적인 비전이 있어. 그런 것은 내게 정치적으로는 매력적이지만 분석적으로는 충분하지 않아.

아니면 우리 자신이 모든 것이라고 생각하지 않고, 우리 자신은, 모든 것이 아닌 거대한 어떤 것이라고 생각해야 할 수도 있어. 어떤 면에서, 그건 맑스의 유적 존재 관념으로 번역된 포이어바흐의 종 관념이야. 유신론을 반박하면서, 포이어바흐는 우리가 신에게 귀속시키는 모든 성질은 우리가 소외시킨 우리의 성질이라고 주장해. 그러니까, 존 레논이 말했듯이 신은 사랑이라는 것은 사랑이 신이라는 것을 의미하지. 그리고 종은 보편적인 범주가 아닌데, 왜냐하면 사실 그건 매우 특정적이면서도 매우 거대하고, 그럼에도 우리가 구성하는 여전히 사유 가능한 존재자이기 때문이야. 포이어바흐는 아주 기이한 방식으로 우리가 신도 희망도 없는 아주 작은 하찮은 인간일 뿐인 게 아니라고 말해. 포이어바흐는 사실 우리가 잠재적으로 초월적인 존재자라고 말하지. 우리는 특정한 색깔과 풍미를 지닌 집단이라는 초능력을 가지고 있어. 우리는 인간이야.

그건 니체와도 공명하지. [미국의 학자] 에릭 산트너는 니체주의적 위버멘쉬Übermensch에 관해서, 독일어로 위버Über가 무엇을 의미하는지 생각해 보면 '넘어서'over는 잘못된 것이고, 그러므로 '초인'overman은 잘못된 번역이라는 점을 훌륭하게 지적하지. 위버는 분화구 밖으로 용암이 쏟아져 나오는 화산과 좀 더 비슷해. 그건 초과 상태이고, 그러므로 위버멘쉬는 지나치게 인간적인 것, '초과인간'이야. 그건 언제나 이미 자신의 외부로 흘러나오는 존재자야. 생성이 언제나 존재를 압도하고, 언제나 그것에 맞서고, 부정하고, 다른 무언가로 나아갈 때 그것의 자취를 남기는 항상적인 변증법적 과정에 대한 더 깊은 암호화된-헤겔주의적 비유를 감지하기도 해. 자, 그 다른 무언가가 언제나 더 완벽하고 숭고한 형태일지는 확실하지 않아.

말콤 불과 마찬가지로 난 니체를 극복하려는 시도 – 단서는 구절 안에 있어 – 는 결국 니체로 되돌아가게 된다고 느껴. 내파implosion라면 어때? 나 자신으로부터 부글부글 넘쳐 나오는 대신, 나 자신보다 더 많은 것들로 내가 무너져 내리도록 말이야. 거기에는 초과가 있지만, 그건 터져 나오는 어떤 것이 아니라 오히려 나를 내파하는 거야 – 내 장내의 세균이 쉽게 할 수 있는 것처럼 말이야. 그러니까 우리가 말하는 것은 후진 기어가 없는 힘의 일종이 아니야. 우리는 장악력[지배력]mastery의 증가의 관념과 역사, 운명, 영spirit과 같은 그것의 동족어를 사용하지 않고 초월이 무엇을 의미하는지 재고하는 방법을 생각하려고 하는 거야.

왜냐하면 장악, 초월, 초과 ─ 그런 것은 우리가 알고 있는 세계야. 그건 이 시대의 성질들이란 말이지. 그리고 다양한 국소성에서 초과적 장악이 제련되면서 세계를 우리의 초월 사명과 일치시키려는 끊임없는 ─ 유일신교적이고 자본주의적인 ─ 포식자적 충동이 나타났어. 내파된 형태의 주체성은 해독제로 고려해 볼 가치가 있어. 밀도가 더 높지만 자신의 밀도 구조와 그것을 묶는 중력에 관해 더 잘 알고 있는 주체성, 항상적으로 저 너머를 찾지 않는 주체성 말이야.

히로시마 이후에 생긴 일본의 죽음의 춤, 부토에 관해 생각해 봐. 그건 중력을 넘어서 날아오르거나 중력에 구애받지 않고 움직이려고 하지 않고, 중력이 너를 지구 쪽으로 끌어당길 수 있게끔 놔둬서 신체가 내파되게 하는 미학을 탐구해. 너 자신이 빨려 들어가게 놔두는 거지. 어쩌면 이 모델은 화산이 아니라 부글부글 끓어오르는 지열 진흙과 더 비슷할 거야. 아이슬란드 양식으로 생각하고 싶다면, 무너지는 거품이라 할 수 있지. 난 현재 함입invagination의 비유에 관해서도 아주 관심이 많아. 이에 관해 할 얘기가 아주 많지만, 이건 사물을 뒤집는다는 관념이고 내 생각엔 내파의 관념과 관련이 있어. 그건 교차대구법chiasmus에서 일어나는 어떤 것인데, 일반적으로 억제되지. 너도 알다시피, 케네디가 "국가가 당신을 위해 무엇을 할 수 있는지 묻지 말고 당신이 국가를 위해 무엇을 할 수 있는지를 물어보십시오"라고 말할 때, 그는 우리가 모두 개별적인 미국인이기 때문에, 네가 국가를 위해 할 수 있는 것이 더 낫고 실재적인 것에 더 부합하기도 한다고 말하고자 하는 거야. 그러나 실제로 일어나는 일은 무엇이냐면, 한 항이 다른 항으로 내파되고, 교차대구 x의 중간에 근본적인 모호함의 순간이 있어. 그리고 이 순간은 함입이라고 불리는 내면의 빨아들임을 통해 달성되지. 교차대구법은 권력이 사람들을 헷갈리게 만들 때 사용하길 좋아하는 방식이야. 그런데 그건 분명히 권력에 비우호적이기도 해. 권력이 그걸 사용하는 이유가 바로 그걸 거야. 사전에 자신을 무해한 것으로 만드는 거지. 다시 말하지만, 만약 그것이 자신을 뛰어넘는 것이 아니라 자신이 내파되도록 허용하는 거라면, 내 생각에는 여기서 일어나고 있는 행위는 – 적어도 수사학적인 용어로서는 – 함입이라고 생각해.

이 지형은 모두 1970년대 초의 페미니스트 철학자들에 의해 그 지도가 그려졌지. 그들이 여성에 관해서 말하는 것은 다른 생명체에도 적용될 수 있어. 그건 '우리가 우리 자신의 운명을 설립한 존재자가 아니었다면 어땠을까'라는 생각으로 가는 잠재적인 경로야. 그건 '우리가 우리의 운명을 정립하는 존재자들이 아니라면 어떨까'를 생각해보는 잠재적 경로야. 존재자가 그 존재자를 구성한 것들이 아니라면 어떨까? 그 물음에 명시된 노선을 따라 생각할 수 있어야 해. 페미니스트 담론에서 남근이나 페니스로 환원될 수 없는 신체적 성질의 다수성에 관한 개념 말이야. 우린 한 기관에 관해 말하고 있는 게 아니라 아주 많은 기관에 관해 말하고 있는 거야. 그건 '기관 없는 신체'가 아니라 다른 무언가야.

어떤 사람들은 이제 양상추가 무엇을 생각하는지를 알고자 하는 열망을 가지게 되었어. 난 이게 공감이나 이해

의 이름으로 다른 생명의 주체성에 거주하고자 하는 욕망
이고, 동일한 장치의 일부라고 생각해. 그런 사람들은 물
론 자기 하루 일과를 하는 데 바쁜 전형적인 육식 동물의
무리가 아니라, 오히려 우리가 소의 공포를 느끼며 도축장
의 소가 되는 것이 어떠한 것일지를 상상하는 쪽을 선호
하는 사람들이야. 난 이런 개입의 정치를 지지해. 그러나
내가 결코 확신하지 못하는 것은 인간 주체성을 오소재화
하려는 충동이 어디에서 중단되고 비인간 주체성을 점거
하고, 심지어 식민지화하기까지 하려는 충동이 어디에서
시작되는지야. 나는 우리가 내파, 오소재, 다종 동맹 구축
의 기획 내에서조차 포식자적 이성의 교활한 현전을 경계
해야 한다고 생각해.

네가 어떤 꿈을 꾸는지 알려줄 수 있는 기계들이 이제
는 있어. 그 기계들은 픽셀화된 3D 공간에서 너의 두뇌 발
화에 관한 지도를 그리고, 이러한 3D 픽셀을 네가 꿈꾸는
운동과 사물을 무한히 제시하는 유튜브 영상과 상관시키
지. 그건 정말 정확해서 기이할 정도야. 어떤 면에서, 너의 두
뇌가 무엇을 생각해 냈는지 알려줄 수 있는 기계는 양상추
잎이 되는 게 어떠한 것인지 알 수 있는 것과 유사할 수 있

어. 내가 그걸 원한다고 반응했다는 건 사실 무섭게 느껴져.

중추 신경계와 전문화된 신경 세포가 부재하는 경우에도 그런 것이 작동할까? 궁금해. 그건 타자를 위해 어떤 종류의 존재자를 위한 의식을 시각화하는 역할을 할 수 있는 모델처럼 보여. 또한 그건 분명 믿을 수 없을 정도로 가학적인 관음증의 증상, 끝없는 이미지 생산, 우리의 현재 조건을 구성하는 일부지. 너도 알다시피, 페이스북에 올라 있는, 네게 가장 가깝고 네가 가장 사랑하는 사람의 사진은 사실 일정한 방식으로 그 사람을 진정으로 보는 걸 방해하곤 해. 아리스토텔레스는 살인이 무대 밖에서 일어나야 하는 것은 살인이 금기여서가 아니라 살인을 무대에 올리고 나면, 살인을 볼 수 없을 때 생각할 수 있는 것보다 언제나 덜해지기 때문이라고 말했는데, 그건 아주 옳았어. 그러므로, 양상추 잎이 되는 것이 어떠한 것인가에 대한 조율[기분]attunement이 있어. 그렇지만 그 조율은 가학적으로 양상추 잎의 모든 것을 볼 수 있고 그것의 모든 가능적 양상을 트윗 – 라이브 트윗 – 할 수 있는 것과는 관련이 없지. 그렇지만 약간의 유머 감각을 장착하고 완전한 난센스라는 감각을 주지 않으면서도 오늘날 학계에서 그런 질문을 던질 수 있다는 사실은 지금 우리가 흥미로운 순간에 와있음을 보여주지. 하지만 물론, 나는 누구야? 나는 양상추 조각이 아니야. 그렇지만 아마 난 너에게 내가 되는 것이 어떠한 것인지에 관해 별로 알려줄 수 있는 게 없을 거야. 인격은 상호주관적인 특성이야. 내 튜링 시험을 통과하면 얻을 수 있는 거지. 네가 인격이 아닐지도 모른다는 내 편집증만큼 너는 인격이야. 그래서 어떤 방식으로는 양상추 잎의 인격은 상호주관적 사실이고, 이 시점에서 그것은 필연적으로 정치화된 논쟁이야. 이제 막 시작된 논쟁이지.

애초에 인간들이 어떻게 서로를 인격체로 인식하게 되었는지 궁금해하는 사람이 있을 거야. 물론 사람들은 종종 서로를 인식하지 않았고 지금도 인식하지 못하는 경우가 있지. 그러나 인간들이 서로를 인격체로 인식하게 된 순간에는, 우리가 서로를 사람으로 대하는 방향으로 더 나아가면서 아마도 잊히고, 무시되고, 가려진 결단의 정치가 있었을 거야. 이전의 주제로 돌아가자면, 저주체는 필연적으로 비인간을 포함하는데, 저주체성이 언제나 그 안에 자기 자신 이상의 것을 포함하고 있기 때문이야. 전체가 부분의 합보다 언제나 작은 거지. 그것이 우리의 원래 슬로건 중 하나였어. 정말 이해하기 어려운 장소인 휴스턴 같은 곳이지. 메가시티로서의 휴스턴은 거기에 있는 모든 집과 거리, 도로, 그리고 미친 듯이 산개하는 미친 듯한 경로들의 총체성보다 훨씬 작아. 그러나 우리는 더 큰 전체를 계속 추구하지. 아이러니하게도, 휴스턴은 많은 초주체의 고향이지만 도시 자체는 심오하게 저주체적이어서 끊임없이 그 자신의 내부를 스캇하고 있어.

몇 주 전 나는 한 건축학 수업에서 이 점에 관해 말했어. 사람들은 거리들을 초월하는 방식으로 메가시티를 그 위에서 그리고 그 너머에서 보고 싶어 하지. 그러나 메가시티에 관해 핵심적인 건 그것이 자신의 거리들을 초월하지 않는다는 거야. 그것이 메가시티가 하나의 런던a London이나 하나의 파리a Paris와 다른 점이지. 메가시티는 전체가 언제나 부분의 합보다 작다는 걸 보여줄 거야. 휴스턴에 살면 느끼게 되는 직관적인 역설이지.

여기 또 다른 문제가 있어. 지식에 관한 강조가 불가피하게 신체화incorporation를 경유하는 장악과 초월의 새로운 기획을 포함함으로써 양상추가 느끼는 방식을 아는 것이

보그-같은Borg-like 3 방식으로 양상추를 집단에 동화시키는 것이 되는지의 여부야. 장악과 초월은 언제나 우리의 다음 지식 기획, 다음 이해 기획이 우리를 구원할 거라고 속삭이지. 우리는 그걸 아주 잘했어. 우리는 적어도 12,500년 동안 다양한 양식으로 그것을 실천해 왔어. 길고도 깊은 프로그래밍 과정이었어. 난 방금까지 특이점에 관해 이야기하고 있었지. 여기서 특이점 옹호자들은 모두 약 10년 안에 거대한 변화가 일어날 거라며 매우 흥분해 있었어. 그러므로 나는 우리가 앞으로 10년 안에 우리 자신을 넘어서거나 장악할 수 있다는 생각에 관해 매우 조심스러워. 왜 10년일까? 그들은 앞으로 10년 동안 무슨 일이 일어날 것이라고 생각하는 걸까?

무어의 법칙과 가속화하는 정보 기술의 가치를 결합하여 로그곡선을 생성하고, 이 곡선은 2020년 − 2020년에서 2040년 사이 어느 시점에 − 에 거의 수직이 되기 시작한다는 사업 모델이 있어. 즉, 레이 커즈와일에 따르면 혈액 세포 크기의 것이 아이폰의 계산 성능을 갖출 것이라는 거

---

3. 보그는 스타트렉 시리즈에 등장하는 외계 생명체 집단이다.

지. 그러므로 너는 네 온몸을 통틀어 아이폰 계산 성능을 가질 거라는 거야. 이건 네가 지금보다 훨씬 더 현명해지고 수십억 배는 더 지능적이게 될 것임을 의미해. 제발 '지능'을 정의해 줘, 커즈와일 씨. '수십억 배는 더' 하고 '더 현명해짐'을 정의해 줘. 그는 우리가 해낼 일 중 하나는 그것이 의미하는 바가 무엇이든 죽음에 저항하고 우리 자신을 클라우드에 업로드하는 것이라고 말해. 그러나 사실은 이게 끔찍할 만큼 엄청난 양의 희토류 원소 – 그리고 전기! – 를 포함하게 될 거라는 거야!

그래, 전기. 그렇게 우리는 어떤 실리콘 밸리 남자가 인간 초월이라고 생각하는 것을 달성하게 되겠지. 그건 확실히 여자라기보다는 남자의 사고방식이야. 그래서 이 남성 컴퓨터 엔지니어들이 모두 인간 초월에 관해 매우 흥분했다는 건 놀라운 일이 아니야. 그건 기본적으로 죄와 구원이라는 불편할 것 하나 없는 기독교 천년왕국 묵시사상이야. 네가 묵시를 가로질러 변형되어 나올 거란 거지. 영생하며. 사이보그조차 넘어서. 불멸의 기계-신체에 깃든 순수 의식. 완벽한 이성, 완벽한 힘.

그리고 너, 트랜스휴머니스트 자기초월 인간, 그리고 인간을 완전히 능가하는구나 라고 네가 이제야 깨닫게 된 인공지능 사이의 완벽한 관계 말이지. 내가 보기에, 이건 실제로 사실인 것처럼 보여. 우리는 생물권의 일부인 것만으로도 우리보다 훨씬 더 영리한 것들에 둘러싸여 있어. 어떤 면에서 우리보다 더 똑똑한 수천 개의 체계에 몰두하지 않고는 길을 걸어갈 수 없다는 것은 이미 참이야 — 너의 장내 세균을 다시 한번 생각해 보라고. 이 테크노-판타지 결론적으로 물리적인 것을 초월하는 것에 관한 거야. 인공지능이 너보다 똑똑하다는 것이 무서운 것은 여성이 너보다 강하다는 것이 무서운 거랑 같은 거야. 나는 특이점 판타지 전체가 페미니즘에 대한 변위된 반응이 아닌가 의심스러워.

그리고 필멸과 번식, 그리고 어린이와, 아마도 또한 인류세에 관해서도 말이야. 백인 남성이 영원히 살 수 있고 영원히 생각할 수 있어야 한다는 욕망인 거지. 비록 — 그리고 흥미로운 점이지만 — 이 욕망이 백인 남성성은 단지 기계에 저장된 소프트웨어일 뿐이라는 것으로 종결된다고 해도 말이야. 어쩐지 백인 남성의 지배권이 침해된 세상에서 컴퓨터 인간wetware으로서 가상의 '삶'을 사는 게 더 나을 것처럼 보이는 거지. 마찬가지로 그다지 좋은 영화는 아니지만 마음속에 떠오르는 조니 뎁의 영화 〈트랜센던스〉에서는 필멸적인 붕괴에 직면한 뛰어난 과학자 뎁이 웹에 업로드돼. 단순히 살아남는 게 아니라 사실상 번성하지. 이제 웹에 있는 모든 여건[데이터]을 마음대로 사용할 수 있으므로, 그의 의식은 훨씬 더 높은 수준의 통찰력을 얻고 훨씬 더 위대한 기술적 혁신을 이루지. 그는 물질, 존재자, 환경에 대한 거의 완벽한 장악 상태를 달성해. 밝은 빨간색 글자들로 칠해진 판타지가 사방에 스며들어 있어서 영화가 구성과 성격 묘사의 측면에서 그다지 뚜렷한 뉘앙스가 없는 것은 도움이 돼. 난 '네가 인간 이상의 것이 되어 웹에서 영원히 살 수 있다고 가정하자'는 할리우드의 기류를 상상할 수 있어. 나는 그것이 자신의 필멸성을 응시하며 구원을 위해 실리콘 밸리를 찾는 모든 백인 남성 영화 산업 의사 결정자들에게 대단히 매력적이었을 것이라고 확신해.

그러므로 여기 우리가 초월과 상충되는 저월subscendence이라고 부를 수 있는 것의 정치가 있어. 초trans는 일반적으로 극복하기, 넘어서기를 시사해. 그러나 저sub는 가깝게 있음, 아래에 있음, 안에 있음, 보다 작음에 관한 거야. 초월 서사는 나보다 훨씬 더 큰 그리드형 구조에, 나를 훨씬 더 강력하게 만드는 훨씬 더 나은 방식으로 거주하는 것과 관련이 있어. 그래서 아마도 첫 번째로 해야 할 것은 〈매트릭스〉와 같은 것을 가상현실 서비스 제공자가 아니라 에너지 체계로 보는 것일 거야. 중요한 것은 전달되는 내용이 아니라 에너지적 하부구조 자체야. 그리고 나서, 내 물리성[육체성]을 초월하려고 하는 대신에, 나는 비체화[육체 해방]에 대한 나의 판타지를 저월하려고 하는 거야. 그리고 그 판타지가, 여성혐오적으로 비체화된 매트릭스와 나의 불가피하게 백인 남성적인 권력 체험 사이를 이상적으로 완벽하게 결합하는 것을 저월하려고 하는 거지. 이건 그 불운한 비인간 존재자들과의 어떤 동일시가 돼. 네가 너 자신에 대한 판타지를 생각할 수 있게끔 애쓴, 너 자신의 육체를 비롯한 그 비인간 존재자들 말이야. 덧붙여서 "저월"은 아름답다고 나는 생각해. "저주체는 저월한다"라는 것은 우리가 가지고 놀 또 다른 슬로건이야.

저월, 그리고 그리드와의 연결을 끊기. 그건 에너지 인문학의 필요성을 말해. 왜냐하면, 슬로터다이크가 지적했듯이, 소비에트이건 자본주의 상황이건, 만약 그것이 탄소 동력의 전력이라는 형태로 거대한 에너지 그리드에 의해 작동된다면, 그건 문제의 본질을 남기게 되기 때문이야. 〈매트릭스〉의 마지막 부분에서 네오가 자신을 에너지 체계에 연결해서 모든 사람이 매트릭스에서 훨씬 더 좋은 시간을 보낼 수 있도록 일종의 회로를 완성하는 재미있는 순간이 있어. 나는 그게 일종의 원적문제[원의 정사각형화], 비트루비우스적 인간, 재앙 없이 인간을 초월할 수 있다는 스윗 스팟sweet spot 4 판타지라고 밖에 생각되지 않아. 특이점 추종자들은 초월이 정말로 온건할 것처럼 이야기해. 이건 〈터미네이터〉 시나리오가 아닐 거라고. 이건 우리를 훨씬 더 현명하고 더 낫고 더 똑똑하게 만들 거라고. 그러면 우리는 동물들을 돌볼 수 있을 거라고. 그런데 말이야, 그때가 언제인데? 마치 우리 백인 남성들이 우리 문제를 해결하면 그 외 모든 사람을 도울 수 있을 거라고 말하는 것만 같아.

따라서 초월과 나란히 정치적인 것의 집행 연기가 있어.

---

4. 어떤 활동에서 최고의 만족을 주는 지점.

진짜로. 내가 무엇을 해야 할지 알아내기 전에, 내가 가능한 한 최고가 될 때까지 난 기다릴 거라는 거지. 이건 아마도 가상의 형태로 화성에 가서 화성인에게 자신을 다운로드하는 것과 관련이 있을 거야. 초월을 달성하기 전까지 행위를 미루는 이 전략에 대한 저주체적 대응은 완전히 이해된 목표와 적절한 계획 없이 그저 시행착오를 거치며 너무 빨리 일을 시작하는 거야. 난 저주체가 많은 실수를 할 준비가 되어 있다고 생각해.

그래, 저주체는 많은 실수를 할 거야. 저주체는 바보가 되는 걸 두려워하지 않아. 저주체들의 정치적 기획은 조직적이고 투명한 강제된 움직임이 아니라 오히려 내파적인 용해성 탈연결 기획이야. 저월을 영감의 단어로 삼는다면, 저월적 정치는 어떤 모습일까? 저월적 삶은 어떤 모습일까? 너를 이루는 부분의 합보다 작다는 것은 무엇일까? 나는 저주체에 관해 말하고자 저주체에 관한 몇 가지를 알아내려고 노력하는 이 과정 전체가, 마치 우리 자신을 저월시키기 위한 훈련이었다는 느낌이 들어. 아 정말 그래. 이것저것 시험해 보는 일종의 방황이었어. 진단이었지. 그렇지만 아주 비과학적인 방식으로. 현대인의 어설픈 진단 말이야. 우리가 지금 무엇인지 알아내려는 시도인 거지. 우리는 기본적으로 룸바[자동으로 바닥을 청소하는 가정용 로봇청소기]들이야.

룸바들? 철학적인 것의 룸바들. 사실 그건 꽤 완벽해. 그거야말로 궁극적인 저주체이지, 안 그래? 룸바는 스카이넷/매트릭스, 초월적 초객체의 완벽한 역전이야. 룸바는 언제나 자신의 행위성에 접속하기 위해 고군분투해. 그건 아마도 상당히 내파된 느낌일 거고, 매우 제한된 프로그래밍을 가지고 있을 거야. 그건 자신이 자신의 내부에 흙을 넣고 싶어 한다는 걸 알고 있고, 다른 모든 것을 상당히 제한된 감각 기구로 알아내야 한다는 것도 알고 있지. 그래서 그건 땅에 아주 가까이 머문 채로 벽과 가구에 부딪히며 굴러가. 언제나 그 자신보다 작은 거지.

룸바는 기본적으로, 청소를 할 줄 알고 고양이가 그 위에 올라타기를 좋아하는 주주펫[로봇 햄스터]이야. 그런가? 그래서 고양이들은 룸바를 같이 놀고 탐험할 수 있는 동료 저주체, 피조물로 인식하는 걸까? 그래, 룸바 위에 앉아서 집안을 빙글빙글 돌아다니는 고양이 유튜브 영상이라는 하나의 장르가 있다는 것만 봐도 알지.

내가 저월을 분석하기 위해 때로는 그 개념을 완전히 분해할 수도 있다는 걸 알리고 싶었어. 너는 할 수 있어? 자, 그럼, 여기가 좋은 시작점인 것 같네. 그러니까, 전체론은 전체가 언제나 부분의 합보다 크다고 말하지만, 우리가 논의하고 있는 이 존재론은 사실 전체가 부분의 합보다 작다고 주장하며 그 점이 다른 사물들로부터 창발하는 사물의 시점을 특정하기 매우 어렵게 만든다고 하지. 우리가 계속 잘못된 방향을 보기 때문이야. 기본적으로 집합에는 무한한 수의 사물이 포함될 수 있으며 그 집합 속에는 온갖 모순적인 이산적 사물이 포함될 수 있다는 것을 받아들여야 해 — 몇몇 사람들은 이런 점을 받아들이지 않지만 말이야.

사물의 집합은 하나의 사물이지만, 그것을 구성하는 사물들은 잠재적으로는 어떤 무한한 역행을 시사해. 예를 들어 고속도로는, 고속도로만큼 실재적이고 중요한 콘크리트 블록들로 구성되어 있고, 차례로 이러한 블록들은 블록만큼 실재적이고 중요한 온갖 종류와 규모의 집합체들로 구성돼. 이 과정이 계속되지. 그렇게 우리는 그 안에 실제로 자신보다 많은 것을 포함한 집합, 개념으로서의 집합을 보게 되지. 주어진 개념 집합이 사실 존재론적으로 그 집합이 경계선을 그려서 모으는 사물들보다 더 작다는 통찰이야. 이건 우리가 다음과 같이 말하며 신자유주의와 대립할 수 있게 하지. 우린 할 수 있어, 다른 것을 해낼 수 있어. 왜냐하면 우리는 신자유주의가 실제로는 자신의 구성요소보다 작은 것임을 이해하기 시작했기 때문이야. 물리적으로 그건 거대할 수 있어. 무장한 경찰들을 통해 지구 전체를 덮는 거지. 그러나 존재론적으로 말해서 신자유주의는 북극곰 한 마리보다 작아.

우리에게 "이 문제를 다룰 방법이 없다!"라고 생각하게끔 이데올로기가 우리를 냉소적 이성에 가두어 놓는 한 가지 방법은 일종의 표준적 전체론을 습관화시키면서 이루어져. 이 표준적 전체론은 예를 들면 신이 물리적으로나 존재론적으로나 언제나 너보다 크다고 말하는 유일신론 같은 오랜 역사를 가진 장치로 표현되지. 그런 한에 있어서 우리 모두가 크툴루 머리의 일부라고 말하는 사변적 실재론의 공포물은 정치적 스펙트럼의 잘못된 편에 서 있는 거야. 그 대신 우리가 정말로 해야 할 일은 신자유주의, 지구온난화, 그리고 이 모든 것이 우리가 가정하는 것보다 실제로는 존재론적으로 더 작고 약하다는 것을 알아내는 거야. 우리 자신을 포함한 그것들의 구성요소는 존재론적으로 쉽게 그것들을 압도할 수 있어.

전체론과 자연주의의 이데올로기는 우리에게 경험론적 근거 — 이것이 사물, 그 사물의 전체인데, 왜냐하면 나는 그것을 집어서 특정한 방식으로 조작할 수 있기 때문이야 — 를 기반으로 사물성을 수용하도록 요구하고, 그런 다음 교묘하게 그 사물성을 신과 악마 같은 비가시적이거나 가상적인 전체로 확장하지. 하지만 가장 잔인한 속임수는 우리가 우리의 초객체적 조건 — "자본주의"나 "지구 온난화" 같은 것 — 의 원천에 주목하기 위해 전개하고 싶어 하는 매우 비판적인 범주들 또한 그 부분의-합보다-큰 존재론에 참여한다는 거야. 우릴 무력화하는 전체론이 더 많아지는 거지! 그것들은 마치 초월하는 것처럼 보이지만, 그것들이 진짜로 하는 일은 저월이야. 저월은 사물들의 집합이 자신의 개념을 빠져나오고 자신의 존재자들이 되기 시작할 때 발생해. 사물의 집합이 자신의 구성요소에 대해 하향적으로 인과작용을 하며 창발할 때 저월이 있어. 그리고 나는 한 가톨릭 신학자로부터 저월이 사실 신학에서 사용되는 용어라고 들었어! 놀랍달까, 그리고 차라리 기막히게도, 일부 신학에서는 예수가 하느님을 저월했다고 말해. 누군가는 하느님을 저월해야 해.

정확히 예수가 물리적으로 체화되고 유한하고 약하기 때문이야. 이는 사람들이 최근 급진적인 정치를 통해 종교를 재고하려 해 왔던 방식과 공명하지. 그래서 이상하게도, 저월은 실제로 현재 매우 유용한 개념임이 밝혀졌어. 처음에는 농담에 가까웠지만, 많은 농담이 그러하듯 그 농담의 진리치는 그 농담의 어리석음을 저월하지. 이 기획을 통틀어 우리가 이야기해 온 것은 다소 저월적인 존재자의 예술에 관한 거였어. 우리가 변화 방법, 탈연결 방법에 대한 일종의 도구상자를 작성하고 있기에, 저월은 그 출발점이야. 예를 들어, 에너지 그리드는 그 에너지 그리드의 용도와 구성요소를 저월하지. 따라서 독일의 작은 마을이 국소적으로 에너지 그리드의 일부를 끄고 다른 무언가가 되는 것은 완벽하게 가능해. 그건 절대적으로 간단하고 가능하고 할 만해. 여기서 수도꼭지를 잠그고, 그다음 저기에서 수도꼭지를 잠그기. 그런 다음 창조가 시작돼.

왜냐하면, 내가 이것을 올바르게 이해했다면, 존재론

적으로 말해서 그리드는 거의 무한한 수의 요소로 구성되거든. 그건 매우 크고 인상적인 초월적 기계처럼 보여. 그러나 엄청난 양의 노동력이 투입되어야만 끊임없이 초월할 수 있는 건 정확히 그런 종류의 기계밖에 없을 거야. 그 요소들은 그리드성 기획에 참여하는 것에서 스스로 저월하려는 경향이 있어. 그리드 또는 파이프라인은 그저 신기루, 일정한 기획에서 생산된 사물성에 관한 착시에 지나지 않아. 이것이 아마도 전 세계 사람들이 항상적으로 그리드와 파이프라인을 불법 활용하고 온갖 방법으로 손보는 이유일 거야. 그것은 그리드와 파이프라인이 변형에 민감하다는 것을 증명하지. 우리는 그 민감성을 강화하고 더 많은 손봄을 장려하기만 하면 돼.

그래, 그리고 이건 환원주의가 아냐. 사람들은 네가 "~으로 환원되다"라고 말하고 있다고 생각하면 화를 내며 반응할 거야. "아니, 그러니까 네 말은 개인만 있고 사회는 없다는 거야?" 우리가 말하는 건 그게 아니야. 우리는 사회가 있다는 말을 하고 있어. 그리고 그건 물리적으로 매우 크지만 저월하지. 그건 존재론적으로 자신의 구성원보다 작아. 나는 이런 사고방식이 좋아. 왠지 힘이 나거든. 그리고 네가 집합론의 길로 가지 않더라도 여기에는 여전히 직관적인 의미가 있어. 그것은 철학적으로 작동하지만 동시에 현상학적으로도 작동해. 확실해. 내가 어떻게든 이걸 논리적으로 증명하는 데 집착하는 것 같지만, 실제로는 전혀 그럴 필요가 없어. 저월은 [이탈리아의 철학자] 바티모 같은 사람들이 말하는 약함의 개념에 우위를 두는 것이야.[1] 그것을 문자 그대로 쓰지.

　　나는 얼마 전에 메가시티에 관한 한 건축학 수업에서 이렇게 말했어. "당신이 메가시티를 찾을 수 없는 것은, 당신이 엉뚱한 곳을 보고 있었기 때문입니다. 당신은 그것을 기술해야만 한다는 문제에 봉착하게 됩니다." 우리가 앞에서 말했듯이 모든 메가시티, 특히 휴스턴은 부분의 합보다 작아. 그리고 물론 모든 도시는 저월하지. 테베는 저월

---

1. 이탈리아의 철학자 잔니 바티모는 허무주의를 극복해야 할 어떤 것이 아니라 긍정적인 무언가로 취급한다. 바티모는 수감된 자신의 제자들로부터 편지를 받고 그들이 형이상학적 토대로 자신의 행위를 정당화하려고 한다는 점을 깨닫게 된다. 이러한 사건은 바티모가 자신의 이론적 입장을 재고할 계기를 제공했고, 그 결실은 "약한 사유"(weak thought)라는 바티모의 개념이었다. 요컨대, 서양 형이상학의 역사는 강한 구조(사고에 확고한 원리와 판단 기준을 제공하는 것으로 여겨지는 인식론적 구조)를 약화시켜 온 역사이며, 철학은 "차이의 모험"이어야 한다는 것이다.

해. 메가시티의 경우는 그저 정말로 명백할 뿐인데, 그것이 전 지구화와 신자유주의화 등으로 인해 너무 팽창되어 있고 흥분되어 있기 때문이야. 그건 유용한 비판 전술이기도 해. 신자유주의는 언제나 사람과 자원, 관념을 자기 안으로 빨아들이는 전 지구적인 획일적 체계로 기술돼. 시간과 공간을 뒤트는 블랙홀처럼 말이야.

그러나 신자유주의가 나타나는 것보다 실제로는 훨씬 작고, 그것의 요소들이 저월적 활동을 명령받거나 저월적 활동을 스스로 명령할 수 있다고 말하면 갑자기 상황이 훨씬 덜 암울해 보여. 작은 탈연결 행위 하나하나가 훨씬 더 중요해지기 시작하기 때문이야.

오늘날 지배적인 추론 노선이 작동하는 방식은 신자유주의(또는 무엇이건 간에)가 언제나 너보다 한 수 앞서고, 네가 하는 생각을 언제나 앞서 생각하고, 언제나 네가 하는 일을 흡수할 것이라고 말하는 거야. 그러나 만약 그것이 존재론적으로 티라노사우루스 같은 것, 정말 크고 무서운 생명체임에도 쉽게 넘어져 멸종할 수 있는 작은 뇌와 작은 팔을 가지고 있는 것이라면 어떨까. 우리 시대의 티라노사우루스가 강력하고 큰 것도 참이고, 그걸로 인해 우리가 고통받고 있는 것도 참이야. 그러나 때때로 그 진실이 전해지는 방식은 거짓, 진실의 형태를 갖춘 거짓이기도 해. 왜냐하면, 우리가 다른 무언가를 할 수 있는 건 절대적으로 가능하거든. 그건 가능해. 비록 이것이 큰 그림으로 보자면 12,000년-된-기획이라 할지라도, 꼭 이걸 계속 고수할 필요는 없어. 알다시피, 12,000년이란 장구한 시간이지만 영원은 아니지. 그걸 바꾸는 건 거의 말도 안 되게 쉬울 수 있어. 유엔은 이번 여름의 발표에서 "우리가 소규모 유기농 농장들로 전환한다면 어떨까"라는 질문을 다루었어. 그렇게 하면 많은 배출 문제가 해결돼. 그리고 또 다른 집단에서는 농지의 단 10퍼센트만을 토착종에 할당하는 것이 어떻게 에너지 처리량, 종의 손실, 오염, 살충제 사용 문제를 해결하는 데 큰 도움이 될 수 있는지를 연구하고 있어. 그런 식으로 생각하면, 바꾸려는 체계가 매우 크다는 것을 인정하더라도 ─ 아이오와주의 거대한 농장을 보라고! ─ 논밭의 10퍼센트를 저월하고 소름 끼치는 벌레들이 자기 일을 수행하도록 허용하면, 해당 "체계"는 무언가가 다른 어떤 것으로 보이기 시작하지. 요점은 묵시론적 문제에 대해 묵시론적인 해결책을 가질 필요가 없다는 거야.

우린 묵시를 해체할 수 있어.

"묵시 해체하기"는 저주체를 위한 또 다른 슬로건이어야 해. 우리가 직면한 한계 중 하나는 우리가 물려받은 비판적 실천이 종종 초객체적 문제에 대한 초객체적 해결책을 제공하고자 한다는 거야. 아주 잘 말했어. 옛날 옛적에 우리를 구할 것은 프롤레타리아였어. 그러나 내가 프롤레타리아에 관해 들어본 적이 있는 한, 프롤레타리아는 초객체야. 그것은 전 지구를 기반으로 삼는 부르주아 사회의 일반화에 대한, 상상된 전체론적 해독제야. 공정하게 말하자면, 내가 맑스의 글에 관해 언제나 즐겼던 점 중 하나는 그가 "자본주의"라는 단어를 사용하지 않았다는 거야. 단 한 번도 말이지. 나는 맑스가 자신이 반대하는 사회를 존재론적으로 체계적이거나 전체라고 보지 않았다고 생각해. 맑스에게 그것은 항상 자본에 관한 것이었고, 그것은 생산 활동의 형식화, 다양한 형식화였어.

따라서 자본과 자본가가 아무리 소외시키는 것이고 억압적인 것일지라도, 그들은 언제나, 그들을 존재하게 만든 특수한 생산 활동의 부정에 전적으로 민감했어. 그래서 자본은 항상 그 자체 안에 변혁적 잠재력을 포함하고 있지. 그러므로 "자본주의" 같은 것이 현존한다고 믿고 싶더라도, 그것의 요소들이 끊임없이 마찰을 일으키고 자본의 부정을 위한 기반이 되는 저월이 있을 거야. 그래서 아마도 우리는 21세기에 대한 우리의 비판적 각도를 찾기 위해 19세기로 돌아가야 할 필요가 있을 거야. 한편, 20세기에는 1930년대 이후 사이버네틱스적인 사고를 비롯해서 그 외 전자적 사고 양태들의 영향력이 강해졌어. 루만 같은 체계이론가, 인공두뇌학자, 사회이론가 말이지(내가 보기에는 끔찍한 사람이지). 자기생성적 체계성에 관한 명제는 똑같은 전체론적 존재론이 다른 코스튬을 입은 것에 불과해. 그들에게 말하고 싶어져: 네 존재론을 확인해 보라고! 체계성은 이 행성이 더는 감당할 수 없는 종류의 존재론, 완전히 죽음-충동적이고 초월적인 판타지야.

그것은 유익하지 않은 일종의 편집증을 강화하기도 하지. 무엇의 체계들을 말하는 거야? 사람들이 노동자가 있다는 사실을 잊는 것처럼 ─ 왜냐하면 토양과 노동자 없이 루빅큐브를 푸는 것이 왠지 더 만족스럽거나 흐뭇한 지적 운동이기 때문이지.『자본』1권 15장의 마지막 문장을 기억해 봐 ─〔"그러므로 자본주의적 생산은 모든 부의 근원적 원천인 토양과 노동자를 갉아먹음으로써만 기술을 발전시키고, 다양한 과정을 사회적 전체로 결합시킨다")—, 네가 자본을 평가하는 데 있어서 토양과 노동자를 재포함한다는 건 알고리즘에 관해 생각하는 것과 같아. 넌 이 일을 하기 위해 이러한 소재들을 가지고 있고, 그런 다음 더 많은 일에 대해 사람들에게 조금 더 적은 돈을 지불하거나 같은 금액으로 조금 더 많은 일을 하도록 요구하고, 그게 M을 M′로 바꾸는 방법일 거야, 안 그래? 이건 알고리즘적인 절차야. 그러나 동일한 방식으로 토양과 노동자를 갉아먹지 않으면서, 그리하여 첫 번째 알고리즘이 열매를 맺지 못하고 죽게 만드는 다른 절차를 상상할 수도 있어. 우리 모두가 체계의 일부라는 암담한 감각은 필요 없어. 여기서 난 체계이론 이전의 의미에서의 "체계"도 말하고 있어. 18세기와 19세기에 체계라는 낱말은 반*-비가시적인 지배적 전체를 정의하기 위해 경멸적으로 사용되기도 했어. 나는 동물 연구의 특정한 기류가 "모든 것이 사전에 흡수될 것이며, 우리의 모든 저항은 헛된 것이지만, 어쨌든 우린 저항할 거야"라는 접근법을 취하는 것을 보았어. 모두가 거대한 은행 밖에 플래카드를 들고 서 있고, 소리 질러도 아무 소용이 없자 누군가가 그냥 주코티 공원을 점거하러 가자고 말하는 오큐 파이Occupy 운동의 근본적인 제스처처럼 말이야. 점거 운동이 완벽하다거나 그런 얘기가 아니야. 그러나 그건 적어도 다른 경제를 조직하려는 진지하고 자발적인 노력이었고, 나는 다른 경제란 향유를 조직하는 다른 방식을 의미한다고 생각해. 그것은 분명히 그리드에 대한 개입, 탈연결이었어.

비록 "아무것도 이루지 못한" 것처럼 보이는 약한 개입일지라도. 하지만 그 약함이 바로 그것의 성취였어. 욘〔그나르〕이 취약성을 자신의 정치적 실천의 핵심으로 통합한 것이 그의 가장 중요한 성취 중 하나라고 말했던 것처럼 말이야. 무지에 대한 욘의 포용 ─ 그에 대한 비평가들, 실로 제대로 된 정치인들과 언론이 그를 비난하듯이 절대적인 의미에서의 무지가 아니라 ─ , 오히려 많은 것에 대해 그의 이해가 가진 편파성을 그가 포용한 것 말이지. 그것이 욘이 더 많은 사람이 사회 문제를 이해하고 해결책을 개발하는 과정에 참여하도록 격려하기 위해 도움을 요청할 수 있었던 이유야. 그는 정치 기득권층의 모든 주목과 비난이 자신을 향하게끔 하는 반면, 레이더 아래에서 다른 모든 매우 뛰어난 사람들이 방해받지 않고 필요한 일을 할 수 있게 하는 거대하고 화려한 어릿광대로 자신을 묘사하기를 좋아해.

그리고 욘은 종종 지독한 두통으로 어지러운 상태에서도 그 일을 하고 있었지. 무대 위에서 자신과 인터뷰하는 사람의 이름을 잊고는 [자신의 배우자] 요가에게 문자메시지를 보냈을 수도 있어. "나 큰일 났어. 도와줘." 그는 완벽한 지도자가 아니라 망가진 지도자를 공연하고 있어. 그는 카리스마를 뿜어내는 동시에 자신이 망가지는 것을 용인했어. 마치 그의 연극 〈호텔 폭스바겐〉에서처럼 말이야. 그가 좋아하는 사무엘 베케트보다 더 훌륭했지. 욘의 연극은 더 관대하고 포괄적인 어리석음이었어. 그것은 베케트의 기계적 부조리를 저월하지. 베케트는 초월한다고 말할 수 있을지도 몰라. 그러나 욘의 연극은 베케트를 저월하지.

그에 관해선 너와 동의해. 우리는 지금까지 매우 친절하고 인상적인 사람이지만 또 다른 백인이기도 한 욘에 관해 이야기했는데, 잠시 멈춰 서서 세계를 구하려는 것처럼 보일 수 있는 두 명의 백인으로서의 우리의 입장을 추궁

해 볼 수 있을 거 같아. 이건 다른 사람들과 무관한 게 아닐 테니까. 결국 우리에게 인류세, 즉 백인세이자 이성애세이기도 한 인류세를 가져온 것은 거의 백인들이라고 보아도 좋기 때문이야. 신자유주의, 우리가 곱씹어온 그 초객체는 솔직히 말해서 만인이 아니라 특히 우리 같은 사람들에게 이익이 되도록 전 지구 규모로 조직된 욕망의 경제이기도 하거든. 그러니 세상을 구하려고 하지 말라는 것이 아니야. 그렇지만 영웅적인 구세주적 입장이라는 건 또 하나의 초월론적인 전체론적 속임수야, 안 그래?

그리고 내가 다른 부류의 인간이었다면, 나는 아마도 수 세기 또는 수천 년 동안 자신들이 초래한 조건들에 대한 철학적 도피처로서 저주체의 언어를 채택하는 초주체의 편집증이라는 요지로 곤란해했을 거야. 나는 변이나 개혁을 위한 저월적 능력을 정말로 믿고 싶어. 그리고 그런 측면에서 이 기획은 다른 초주체들의 피부 아래로 들어가도록 고안되었다고도 할 수 있어. 그런데 난 같은 이유에서, 이 기획이 오픈소스가 되고, 우리를 넘어 확장되고, 어떻게든 우리를 탈출하는 것이 대단히 중요하다고 생각해. 기껏해야 나는 내가 저주체성을 열망한다고 말할 수 있을 뿐이야. 하지만 내가 만약 저주체였다면 나는 내가 저주체라는 점을 매우 의심스러워하는 채로 남을 것이고, 그렇게 하는 것이 옳을 거야. 명백하게 우리 둘은 어떤 전체론적인 의미에서도 '그들'을 대변해서는 안 돼. 씨민Cymene과 내가 멕시코 남부의 원주민이 많은 지역에서 때때로 내 체격의 절반도 되지 않는 사람들과 함께 현장 조사를 하고 있었을 때, 나의 현재 신체 형태의 규모가 얼마나 수 세기에 걸친 현재진행형의 식민-제국주의적 체제의 산물인지를 보여주는 순수 초주체성의 생리학은 내게 충격을 주었어. 따라서 주체성을 우리의 골격 구조에 기록된 역사성과 함께 체화된 상태로서도 생각한다면, 저주체가 된다는 건 손가락을 튕기며 '저hypo로 가자!'라고 말하는 것처럼 쉬운 게 아니야.

맞는 말이야. 나는 1920년대 초반 영국의 광산 가족들의 사진을 본 적이 있는데 그들은 매우 작았어. 옥스퍼드에서 내 지도 선생님이었던 테리 이글턴은 그곳의 대부분의 상류층 사람보다 키가 작았지. 1980년대 미국인들에 관해 내가 알아차린 것은 그들이 상당히 키가 크고 왜인지 더 튼튼했다는 거야. 비록 그동안 영국인들이 따라잡

앉지만 말이지. 수없이 많이 프로이트와 라캉, 지젝에 관해 읽으며 내가 정신분석 이론에 더 깊이 투자했을 당시, 나는 인간 프시케의 근본적인 동력으로서 증상을–뿜어내며 끝없이 만족하지 못하는 욕망에 관한 그들의 개념화에 설득되었어. 그러나 조금 더 거리를 두고 반성해 보면, 욕망의 보편적인 조건에 의해 움직이는 정신적 삶에 대한 신념은 지독하게 남성적으로 들리지 않아? 그리고 그 너머에는 서구, 엘리트, 잘 양육된 남성성의 산물이 있지. 그건 특수한 부류의 사람들의 모든 욕망을 충족시키도록 설계된 특수한 경제 내부의 정신적 삶에서 본 관점이야. 그러니까 맞아. 욕망은 어떤 사람들에게는 항상적 유보의 상태가 돼.

나는 거기에 반대하지는 않지만 약간 추가하거나 수정할 거야. 이유를 말하자면, 최근에 나는 대기와 건축과 디자인에 관한 〈창발〉이라는 콘퍼런스에 참석했고, 질의응답 시간에 누군가에게서 "비만에 관해 이야기해주세요"라는 질문을 받았거든. 그리고 0.5초 동안 나는 무슨 말을 해야 할지 몰랐어 – 왜냐하면 나는 보통 누군가의 말에 대해 유리한 해석을 해주었고, 그런 질문을 받은 적이 없기도 했거든. 나중에 모두가 나에게 말해준 것은, 그 질문이 내가 뚱뚱한 사람들에 관해서, 또는 글루텐이 좋은 이유에 관해서, 또는 이와 유사한 것에 관해서 못되게 말하도록 유도하는 질문이었다는 거야. 그러나 나는 일종의 즉흥적인 대답을 했지. 나는 당신이 말에 동의하지만 다른 양상으로 동의하며, 당신의 말을 재창조해 보겠노라고 말이야.

욕망으로서 — 이것이 문제의 핵심이야 — 욕망으로서 — 나는 무한대를 원해. 왜? 난 무엇에도 무엇이든 할 수 있으니까. 욕망에 관한 라캉의 정식은 오브제 쁘띠 아objet petit a의 추구야. 그건 상관주의를 의미해. "대상 a", 표면적으로는 콜라병이지만 사실은 쿨한 아이로서 콜라를 마시는 나에 대한 나의 꿈이고, 나는 이 꿈과 관련해서 구성되지. 그리고 그것은 표준, 중세, 아리스토텔레스적 실체 존재론으로 귀결돼. 이 존재론이 결정적인 증거야. 나중에 우유성으로 장식되는 텅 빈 덩어리, 미리 형성된 덩어리, 라캉 자신이 주장한 것처럼, 모든 것이 조작 가능한 플라스틱이기 때문에 나는 무엇이든 할 수 있는 거지. 물론 문제는 소비주의에 관한 정신분석적 정식화인 라캉의 정식이 그 안에 일종의 가학증도 포함한다는 거야. 아주 동의해. 마치 이렇게 말하는 것 같아. "실재계는 담론의 결과일 뿐이고 내가 무엇을 하든, 내가 고문하고 있는 이 사람에게 실제로 하고 있는 것이 아니야." 그렇다면 실재적인 것으로서의 여성의 성기는 그저 도발적이기 위해 언제나 기괴하고 두려운 것으로 나타날 뿐이지.

이런 종류의 소년-공포는 소년-나는-무엇에도-무엇이든-할-수-있음의 이면에서 일어나기 시작해, 그렇지? 사람들이 "실재계에 대한 내 기겁-반응이 네 것보다 훨씬 더 크다!"라고 말할 때 시작되는 기이하게 전도된 성기 길이 측정 경쟁이 있어. 하지만 공포, 혹은 불안이 최고 수준일까? 그게 거짓말하지 않는 유일한 감정일까? 라캉은 정식의 나머지 절반을 잊어버렸어. 이 잃어버린 절반은 뤼스 이리가레 같은 사람이나 객체지향 존재론이 제공할 수 있다고 생각해. 그것은 오브제 쁘띠 아 욕망이 우리가 — 라캉이 모든 알파벳을 훔쳐 가지 않았다면 — "객체"Object의 "O"라고 부를 수 있는 다른 어떤 것의 꼭대기에 놓여 있다는 거야. 그리고 그것은 거기에 콜라병이 있기 때문에만 가능하지. 그것은 이 콜라병이 실제로 내가 콜라병에 관해 생각하는 것, 내가 콜라병으로 할 수 있는 것, 내 세계에서 콜라병을 사용하는 방법을 초과하기 때문에 가능해. 콜라병은 심지어 어떤 방식으로는 그 자신을 초과하지. 이것이 이리가레가 성기성genitality에 관해 말하는 것인데, 신체는 그저 다른 것으로 환원될 수 있는 하나의 것이 아니라는 거야. 사실 신체는 지금까지 그래왔던 것처럼 신체이면서 신체가 아닌 다른 종류의 털 난 것들로 이루어진 저월된 다수성을 갖춘 증식이므로, 여자는 하나가 아니고 둘도 아니야.

이 모델에서 욕망을 고려해 보면, 내가 무엇에도 무엇이든 할 수 있다는 그 판타지는 이미 나에게 무언가를 하고 있는 적어도 하나의 다른 존재자와 나 사이의 힘의 장에 내가 언제나 이미 사로잡혀 있다는 점에 입각해 있어. 콜라병이 나를 부르고 있어. 다른 한편으로 네안데르탈인은 코카콜라 제로를 좋아했을 거야, 맞지? 그들은 거기에 완전히 빠졌을 거야. 어떤 면에서, 내가 볼 때 비만은 인간 존재자에 잠복해 있는 것이 아니라 객체가 다른 객체를 소유하려 하는 방식에 잠복해 있는 어떤 것에 대한 중합효소 연쇄반응 폭발이야. 다른 말로 하자면, 소비주의에는 생태적 사회를 위해 유용할 수도 있는 화학 물질이 있어. 하지만 우리는 계속 이 모든 것을 삭제하려고 노력하고 있지. 왜냐하면, 역사적 조건들은 당신이 꽤 정확하게 말한 대로고, 그리고 지금의 소비주의는 당신이 말하는 그대로이고, 그리고 그것은 분명 아리스토텔레스에 관한 어떤 상관주의적 버전에서 유래하는 매우 공격적이고 가학적인 판타지에 의해 지원된 것이니까. 미래에 우리가 전력 그리드를 저월했을 때, 우리에게는 식량이 많지 않을 수도 있고, 이는 농업을 시작하기 전에 사람들이 어려움을 겪었었던 방식으로 우리를 상당히 힘들게 할 수도 있겠지. 저월은 반드시 우리가 더 적은 식량을 원한다는 것을 의미하지는 않아. 다른 말로 하자면, 비만인을 병리화하는 것은 우리가 말하고 있는 종류의 장치에 대한 하나의 증상이야. 비만인을 병리화하는 것은 마치 우리가 그냥 비만을 없애버릴 수 있다고 말하는 것과 같은 또 다른 종류의 특효약 같은 거지.

만약에 글루텐을 없애버릴 수만 있다면! 우리가 글루텐을 제거할 수만 있다면 체계 전체가 매끄럽게 기능할 거야. 매끄러운 기능은 그 자체로 개념이야. 그리고 우리는 매끄럽게 기능하기 위해 매끄러운 기능을 계속 원하지. 우리는 문제가 패치[2]로 사라질 수 있다는 관념을 원하곤 해. 심지어는 많은 환경주의도 '그냥 이 작은 것을 고치면 우린 괜찮을 거야'라고 말하는 것처럼 보여. 결국 그건 지나치게 기술관료적인 사회를 만들 것이고, 나로서는 그 시점에는 차라리 외부 우주 공간에서 살고 싶을 거야. 생태 정치는 모든 것이 매끄럽게 기능하도록 만드는 것이 되어서는 안 돼. 이것은 욕망에 관련된 질문에 대한 길고 난해한 대답인데, 왜냐하면 맑스를 포함한 소비주의의 역사는 도중에 중단된 매끄러운 기능의 주기에 관해 이야기하는 경향이 있거든. 매끄러운 기능의 기간을 "필요[욕구]"need라고 부르자. 어떤 시점에서 우리는 우리가 원하는 것을 알았고 우리가 알고 있는 것을 원했어. 그리고 거기에는 완벽한 대칭, 필요가 있었어. 그런 다음 우리는 새로운 필요를 발명하기 시작했어.

그러자 초과가 생기고 체계가 무너져 내렸어. 그리고 이제 우리는 사치품과 욕망을 가지고 있어. 모든 것이 망가졌

---

2. 컴퓨터 프로그램의 수정 또는 개선을 위해 설계된 일종의 소프트웨어로, 사소한 기능 개선 또는 버그나 오류를 수정하기 위해 개발자가 배포하는 업데이트 프로그램을 뜻한다.

기 때문에, 욕망이 무엇이든 그건 논리적으로 앞선 것, 반드시 시간순서적으로는 아니지만 논리적으로 우선적인 것이 됐지. 소비주의는 욕망을 발명하지 않았어. 따라서 우리가 해야 할 한 가지 과제는 욕망이 신자유주의에 사로잡힌 방식에서 욕망을 풀어 주는 거야. 그리고 여기에는 물론 비만의 전도가 포함되는데, 비만이란 안정된 소득 덕분에 지방 저장의 필요성으로부터 행복하게 자유롭다는 것을 과시하고자 날씬해 보이고 근육질로 보이고 싶어 하는 중산층의 욕망이야.

나는 매우 흥미로운 경험을 했어. 아침을 먹고 있었고, 옆에 있는 다른 사람들은 메뉴에도 없는 토스트 한 조각을 잼도 없이 먹고 있었어. 알고 보니 그들은 뉴욕시 출신이었고 내 아침 식사를 가리키며 호주 사람들에게 설명을 하고 있더라고. "전형적인 텍사스 사람의 아침식사예요!" 그래서 내가 그랬지. "사실 이건 스크램블드에그와 해시 브라운 비슷한 거예요. 이건 그냥 표준적인 거죠." 난 실제로는 아무 말도 안 했지만, 왠지 멍청하고 뚱뚱한 노동자 계급, 남부 사람에 대한 환유어가 되어가는 느낌이 들었어. 부인denial에서 쾌락을 찾는 어떤 이스트 코스트적East

Coast-y 적대감이었지. 우리가 신자유주의적 총체성을 저월하면서, 우리는 여전히 무언가를 원하는 자신을 발견하게 될 거야. "원하다"want는 좋은 단어인데, 왜냐하면 그게 "물리적으로 결핍된", 그리고 "갈망함"을 의미하기 때문이야. 그러므로 우리는 갈망을 친구로 삼으면서도 사람들에게 고통을 초래하지 않는 길을 찾아야 해. 갈망과 고통이 우리를 이 구덩이에 빠뜨리는 데 도움이 되었거든.

제로 콜라를 좋아하는 네안데르탈인으로 되돌아가서, 우리는 지난주 세미나에서 아이티 혁명에 관해 읽고 있었는데, 그것은 오늘날 우리가 알고 있는 "전 지구화"가 어느 정도 처음에는 설탕에 대한 욕망에 의해 주도되었고, 그것은 차례로 대서양 횡단 노예제로 농장 노동력을 확보하게끔 주도했다는 것을 훌륭하게 일깨워 주었어. 나는 우리가 쾌락과 갈망의 물질적 기반, 일반적인 의미에서의 욕망의 작동과 관련된 화학 물질과 신경전달물질을 인식해야 한다는 데 동의해. 네안데르탈인이 제로 콜라를 발견했더라면 아마도 매우 기뻐했을 거야. 네안데르탈인은 설탕을 분명 사랑했을 테지. 초기 근대 유럽인들의 미뢰taste bud가 설탕에 맞추어지게 되며 그들의 집착이 된 그거 말이야.

슈거하이sugar high는 분명히 너무 강력해서 필요할 때 이용할 수 있도록 농업, 노예 노동, 그리고 운송의 전 지구적 기구를 조직할 가치가 있었을 거야. 그리고 아이티 혁명이 그 기구를 거부함으로써, 수전 벅모스가 우리에게 말했듯이 설탕 같은 것이 헤겔 같은 사람들에 의해 여러 번 매개되며 간접적인 방식으로 실제로 정치철학에 영향을 미치게 되었어. 그러나 나는 네가 말했듯이 욕망, 즉 저월적 다수성을 인식하면서도 대욕망Desire을 보편적 조건으로서 포착하려는 초월론적 정의definitional 충동을 피하는 페미니스트적 시야도 만들고 싶어. 나는 예를 들어 권력의 경주가 어떻게 보편화하는 규범과 제도를 구성하는지에 초점을 두는, 욕망과 쾌락에 관한 좀 더 탈중심화되고 구멍 난 푸코의 이론에서도 그 충동을 봐. 푸코는 올바른 노선에 서 있지만, 욕망에 관한 논의는 여전히 좌표에 있어서 다소 남성중심적이고 물론 유럽중심적인 것처럼 보여. 양해해 줘. 이것은 포스트휴먼을 향한 부름에 관한 나의 작은 불만 중 하나이기도 해. 그 속에서 나는 소년-공포 판타지를 계속 듣게 돼. "좋아, 세계는 끔찍하고 우리 소년들은 더 이상 그것을 통제할 수 없는 것 같으니 제발 우리의 멸종

사건이 끝나게 내버려 두고 어떤 사후 세계로 초월하자."
이건 때때로 또 다른 나르시시즘적 포기 행위처럼 느껴지기도 해.

나는 인간이 포스트휴먼 조건을 스스로 허용해야 한다고 생각하지 않아. 우리는 트랜스휴먼이 될 수 있어, 난 거기에 대찬성이야. 혹은 어쩌면 서브휴먼이 될 수 있지. 내가 저주체에 관해 선호하는 점은 우리에게서 모든 책임을 덜어주기도 하는 축복-멸종의 종말에 저항하는 것처럼 보인다는 거야. 그래서 백인 남성 몇 명이 둘러앉아 우리 같은 사람들이 현재 상태에 대해 특히 책임이 있다는 사실을 받아들이려고 노력하는 데는 실제로 어떤 가치가 있을지도 몰라. 구세주 입장을 취하는 것이 아니라 덜 위험한 존재자로 거듭나는 프로그램에 우리 자신을 투입하려는 거지. 재프로그래밍하기 위해서 말이야.

내게는 우리 백인 남성이 스스로 재프로그래밍할 수 없다면 — 그것의 제1막은 그저 비-백인 비-남성들이 오랫동안 우리에게 해 왔던 말을 듣는 것일 거야 — 인류세의 궤적에서 벗어나는 것이 매우 어려울 것이라는 두려움이 있어. 적어도 과학이 우리에게 이야기해주고 있는 기한을 감안할 때 말이지. 그러나 그 기한은 기술자와 기업가, 새로운 녹색 초주체 군단의 영웅적인 개입을 자극하도록 설계되었을 수도 있어. 닥쳐오는 반복이지. 전적으로 동의해. 네가 "포스트휴먼"이라고 불렀던 것을 나는 아마도 "트랜스휴먼"이라고 부르겠지만 말이야. 그건 용어상의 문제일 뿐이지. 나는 특이점에 관해서 이런저런 라디오 인터뷰를 했고, 그래서 나는 레이 커즈와일과 관련된 것들을 많이 보았어.

그리고 레이 커즈와일이 말하기를, 우리가 들은 죽음은 실재적이고 우리는 그것을 받아들여야만 한다는 거야. 하지만 나는 받아들이지 않아. 그러나 날 얼려 놔. 왜냐하면 미래에 그들이 나의 냉동 보관 튜브를 열면 나, 레이 커즈와일이 즉시 튀어나와 나를 클라우드에 업로드하는 게 미래를 위해 좋지 않겠어? 그게 바로 욕망의 고리이고 소년 판타지고 은유로서의 특이점은 완전히 블랙홀에 빨려들어가는 것을 포함하는 거야, 등등등. 내 말은 제발 좀. 여성의 몸은 다시 완전히 판타지 속에 함축되어 있어. 그것은 단지 구멍, 블랙홀일 뿐이지. 그것은 여성뿐만 아니라 온갖 자본, 즉 실제로 현존하는 존재자들의 훨씬 더 (가부장제에) 위협적인 현전의 꼭대기에 앉아 공포에 떨고 있는 놀랍고 무서운 부재에 대한 판타지, 완벽한 이미지야. 재미있게도 재산, 소, 자본은 모두 같은 단어야. 이 모든 것이 가부장적 농업로지스틱스적 공간의 일원으로서 내가 마음대로 사용할 수 있는 것들이야. 하지만 그 배열은 불안정하기도 해서 욕망에 의해 고정되어야만 해. 나는 최근에 어떤 역사가와 이야기를 나누다가 말했어. "논리적으로 욕망은 필요보다 우선합니다." 그러자 그는 표준적인 응답으로 즉시 대답했지. 그는 이렇게 표현했어. "우리는 소금이 필요합니다." 그리고 나는 생각했지 ― 나는 특히 저녁 식사에서 말다툼하는 것을 좋아하지 않기 때문에 실제로 말을 하지는 않았어 ― , 먼저, 이 칩chip들이 증거물 제1호야. 그것들은 소금, 설탕, 지방의 전달 메커니즘이야. 흥미롭게도 네 뇌에는 설탕에 대해서는 끌 수 있는 스위치가 있나 봐.

소금에 대해서 끌 수 있는 스위치는 없어. 그건 즉 너는 소금을 필요로 할 수 없다는 거야. 왜냐하면 소금이 언제나 충분하지 않을 테니까. 네가 단일 세포 수준에서 분석하면 나트륨과 칼륨을 포함하는 세포벽 주변의 모든 것과 세포벽 사이에 화학 물질과 정보를 교환하는 이온통로가 있다는 걸 발견하지. 때로는 나트륨이 더 많아 통로가 x 양식으로 흐르고, 때로는 나트륨이 더 적어서 y 양식으로 흘러. 하지만 시시각각 나트륨이 필요하진 않아. 장벽을 가로지르는 다양한 양의 나트륨은 결국 통로를 가로지르는 이온의 흐름을 초래하거나 억제할 뿐이야. 그래서 나트륨이 과연 필요할까? 지금 내가 있는 이 건물이 내게 필요할까? 나는 이 건물에 있고, 소급적으로 그것은 나를 태양으로부터 보호하고 있고, 그 외 온갖 특성을 가지고 있어. 그러나 난 그저 아무튼 그 안에 발을 들였지. 소금이나 안식처 같은 것이 필요하다는 이 생각은 죽음에 대한 두려움도 담고 있어. 넌 죽고 싶지 않아서 필요한 거야[필요를 느끼는 거야]. 생태적 알아차림이 무엇이든, 그건 버섯 수의를 입은 이재림[3] 같은 거야. 그것은 죽음이 실재적이고 죽음을 피하려는 시도가 정확히 프로이트의 죽음충동 그리고/또는 메리 데일리의 죽음문화라는 사실에 사람들을 노출시키고

---

3. 이재림은 다양한 매체를 사용하여 예술 작품을 창작하는 현대 예술가이다. 그녀의 버섯 수의는 특수한 버섯 종이 인간의 시신을 해체하는 것을 돕는 데 사용되는 것이다. 이 작품은 지구의 생태계를 위해 친환경적으로 시신이 처리되게 하는 지속 가능한 장례 방식을 목표로 한다. 이재림이 버섯 수의를 입고 영어로 TEDx 강연을 하는 영상은 https://www.youtube.com/watch?v=_7rS_d1fiUc에서 볼 수 있다.

있어. 그건 죽음정치necropolitics야. 죽음을 피하려는 시도가 정확히 죽음이야. 넌 죽음일 수도 있고, 죽음을 피하려고 할 수도 있어.

그리고 이것은 우리를 비만의 문제와 이 시대의 특색으로 돌아가게 하지. 현대의 쾌락 경제의 특색은 설탕을 통해서든 알코올을 통해서든 아니면 다양한 약물을 통해서든 그것의 목적이 명백하게 항상 쾌락 상태를 유지하는 것, 일관적으로 도취되는 것을 유지하려는 것이라는 점이야. 우리는 내가 가장 좋아하는 취미들에 관해 이야기하고 있는 거야!

나도 알아, 내 취미도 그렇거든. 그리고 운동과 헬스는 그것이 엔도르핀 급증을 추구하는 한에서 똑같은 경제에 참여할 수 있고 그러므로 고통에도 쾌락의 이름을 부여할 수 있게 되지. 달라진 점은 더 이상 동요가 없다는 것, 혹은 차라리 동요가 찾아오면 넌 이전보다 더 멀리 더 빠르게 추락할 거란 거야. 그래서 그것은 "우울증", 쾌락으로부터의 후퇴, 선택지들의 행복한 풍족함이 있음에도 불구하고 도취되지 못하는 병리학적 무능으로 의학화되지. 이것을 내가 연구해 온 멕시코 지역과 비교하면 놀라운 것을 발견하게 돼. 멕시코는 전 지구적인 신자유주의 기구의 일부이지만, 다소 덜 온전히 실현된 방식으로 그렇지. 이곳은 부재와 무위inactivity가 훨씬 더 전형적인 곳이었고, 시간은 다른 성격을 띠고 있었어. 매 순간은 쾌락을 되찾는 그릇으로서 현존하지 않았지. 이 역학을 연구한 인류학자들이 있어. 마셜 살린스는 전근대 세계의 노동과 사치의 조직화에 관해 「원초적인 풍요 사회」라는 글을 쓴 적이 있어. 그리고 그의 테제는 기본적으로 사람들이 잉여를 생산하기 위해 단기간에 집약적으로 일한 다음 며칠 동안은 별로 일을 하지 않았다는 것이었어. 그것이 산업혁명 이전의 좀 더 전형적인 삶의 리듬이었지. E.P. 톰슨은 근대의 훈련받은 노동계급을 만드는 데 있어 가장 어려운 문제 중 하나는 사람들이 매일 아침 같은 시간에 출근하고 매일 거의 같은 양의 일을 하게 하는 것이라고 말하며 비슷한 관찰을 했지.

그건 동기화된 시계와 달력, 벤 앤더슨의 "공허한 선형적 시간", 그리고 물론 위협·폭력·강탈이 필요했어. 그런데 여기 흥미로운 관념이 있어. 만약 그 근대적 시간성의 예상치 못한 부산물이라는 것이 우리가 항상 일하고 있는 지금, 우리가 항상 쾌락의 상승작용도 기대하고 있다는 것이라면 어떨까? 말하자면 우리는 결코 전원을 "끄지"off 않아. 공장 노동 조건의 가혹함은 그 점을 상당 부분 가렸어(그리고 가리고 있지). 그 조건은 쾌락에 유독해 보여. 그러나 많은 북반구 선진국이 포스트공장 조건들로 빠르게 나아가고 있고 우리는 여전히 24시간 연중무휴로 일하면서 점점 더 필요의 신호 아래에서가 아니라 편의와 심지어는 재미의 신호 아래에서 일하고 있지. 직업 자체가 언제나 쾌락적이기 때문이 아니라 — 실제로 셀 수 없이 많은 직업이 [인류학자] 데이비드 그레이버가 불쉿 잡bullshit job이라고 부르는 거고 — , 그것이 쾌락 경제에 기여하기 때문이야. 그래서 도취된[약에 취한] 상태로 출근하는 게 어떻게 보면 적절해진 거야. 우린 어쩌면 음식, 어쩌면 마약, 어쩌면 섹스, 어쩌면 일 자체에 집중함으로써 끈질기게 도취되려고 하고 끈덕지게 도취 상태를 유지하려 하지. 내가 요약해도 돼? 그래, 부탁해.

　　나는 해변에 관한 강의를 들은 적이 있어. 브라질인 조경 디자이너가 한 말이었어. "해변이 거리 아래에 있다면, 어떻게 거리를 해변으로 만들 수 있을까?" 코파카바나를 보자. 해변은 매우 흥미로운데, 왜냐하면 정확히 네가 말했듯이 그곳에는 게으름과 지루함의 경험이 있을 수 있고, 그러한 경험을 달성하기가 얼마나 어려운지를 감안할 때, 우리는 해변에 가는 걸 판타지화하길 좋아하기 때문이야. 흔히들 말하듯이 타인의 불행 속에서 저렴하게 휴일을 보내는 것이지. 그러니까, 비유적으로 말하자면, 우리 자신의 불행 속에서 저렴하게 휴가를 보낼 방법을 찾자. 그것이 저월적 전략일 거야.

나는 우리가 인류세와 관련된 문제의 큰 부분이 일정한 규모의 에너지 사용을 처리하는 방법이라는 데 동의한다고 생각해. 카리브해 해변을 향하는 모든 항공편과 함께, 소비주의는 명백히 그 문제의 일부야. 그런데 우리는 그 전체를 폐지시킬 수 있는 압력 지점을 찾기 위해 계속 고군분투하고 있지. 저월은 소비주의가 비어있음vacancy으로 가득 차 있고, 그 비어있음은 스콧 실천을 가리키고 있음을 이미 드러냄으로써, 우리의 현재 조건과 관계를 덜 재앙적인 것으로 개혁하고자 하는 더-많음more-ness에 맹목적으로 참여하는 매우 작고 하찮아 보이는 점거들이 어디에나 존재하도록 고무함으로써 도움을 줘.

비폭력적이거나 덜 폭력적이기 — 지속 가능성이나 회복성보다는 그게 핵심이라고 생각해. 사람들은 회복성에 관해 이야기하지. 나는 그 단어들 중 어느 것도 만족스럽지 않아. 그것들은 웃긴 용어들이야. 비폭력적인 것, 본론으로 들어가자면, 우리는 우리 자신 같은 생명체를 덜 필요로 해. 별로 관계는 없지만, 나는 『뉴욕 타임스』에서 수돗물에 리튬이 조금 들어있으면 강간과 폭력이 훨씬 준다는 기사를 읽었어. 이제 이건 일본·호주·미국 전역에서 확인되었고, 일부 정신과 의사는 모든 사람에게 약간의 무증상 투여가 필요하다고 생각하고 있지. 하지만 리튬은 오명을 쓰고 있어, 왜일까? 글쎄, 그 저자는 1940년대에 어떤 남자가 리튬 치료로 죽었기 때문이라고 주장했어.

그리고 명백하게 조울증은 우울증보다 훨씬 더 많은 오명을 쓰고 있고 리튬이 그 원인이야. 하지만 내 생각엔 아마 그 이상일 것 같아. 리튬은 원자야. 우린 만들 수 없지. 한편, SSRI(항우울제)에 관해서, 우리는 전문가들에 의해 만들어지고 실험실에서 신중하게 시험된 SSRI가 태양에 의해 만들어질 뿐인 리튬과 비교해서 복잡하다고 생각하지. 흥미롭게도, 한때 코카콜라에 코카인이 들어 있던 것처럼 세븐업에도 시트르산리튬이 들어 있었어. 1940년대까지만 해도 세븐업은 "리튬화된 레몬 소다"로 불렸지. 그건 몰랐네.

나도 몰랐어. 리튬은 진정 효과가 뛰어나고 뇌 생산성을 높이며, 심지어는 실제로 발견되는 일부 뇌 손상을 고쳐줘. 세븐업은 콜라가 아니었어, 맞지? 그건 유기 화학 물질조차도 아닌 금속, 주기율표에서 매우 낮은 지위에 있는 금속을 포함했지. 알잖아, 태양에서 나오는 단순한 수정 말이야. 내가 왜 이런 이야기를 하고 있을까? 그건 다양한 쾌락 양태들과 관련이 있어. 그러나 비폭력과 비폭력적 전환을 촉발하는 방법에 관한 문제와도 관련이 있지.

〈씬 레드 라인〉의 도입부와 전쟁의 반대 개념으로서의 낙원 공간에 대한 비전, 혹은 고갱과 타히티인에 관해 생각해 봐. 뻔한 대답―하와이에서 쿡 선장에게 무슨 일이 일어났는지에 대한 오베이스케르―살린스 논쟁에서도 분명하게 드러나듯―이라면 '아, 그건 그냥 원시주의자야, 넌 그냥 이 사람들이 우리 드라마에서 역할을 맡도록 만들고 있는 거고'라고 하겠지. 그러나 그것이 부분적으로는 체계를 계속 유지하기 위한 계략이기도 하다면? 후진 기어가 달려있지 않아서 근대적 삶을 실제로 역행할 수 없다는 착상은 해변이 거리 아래에 있다는 사실을 덮고 있는 걸지도 몰라. 그건 이미 참이야. 우리는 이 우스꽝스러운 시계-시간에 우리 자신을 맞추는 타히티인일 뿐이야. 이거 티베트에서 본건데. 나는 정신적으로 건강해서 돈과 옷과 음식은 필요하지만 심리 상담 치료는 필요하지 않은 매우 가난한 사람들을 보았어. 그리고 난 곤혹스러웠지, 어째서? 글쎄, 그중 일부는 소비자 욕망-시간이 ─ 그렇게 표현해 보자면 ─ 충분한 쾌감이 아니라는 거야. 충분한 쾌감, 왜냐면 그게 널 뿌리째 뽑을 테니까. 5초 후 우리는 이제 이런 식으로 즐기지 못할 거고, 넌 회의에 참석해야 해. 4초, 3초, 2초, 이제 넌 이 다른 모드에 들어가 있어야 해.

휴식 시간은 없어. 마무리는 없어. 회복은 없어. 우리 중 많은 이가 요가를 하지만, 우린 프라나에 관해 이야기할 수 없어. 우린 "오, 내 차크라들이 오늘 모두 엉켜 있어서 풀 시간이 좀 필요해"라곤 말할 수 없어. 우린 "글쎄, 우리가 데카르트 이원론을 넘어서려면 세 번째 것을 찾아야 할지도 몰라"라곤 말할 수 없어. 왜냐하면 우리는 비모순율에 기반한 배중률을 가지고 있고, 우리 모두가 그것을 받아들였기 때문이야. 따라서 욕망은 매우 이원론적이야. 거기에는 정신과 물질이 있지. 거기에는 주체, 언제나 인간이고 대개는 백인이며 남성인 것과 그 외의 우주, 불투명한 블랙홀이 있지. 사물이 중간적인 것이 될 기회는 없는 거야. 정치적 도전은 중간성의 공간을 만드는 거야. 우리는 즉각적인 충족이나 충족의 무한한 연기의 문화 속에서 살고 있어. 욕망 고리는 무한한 욕망과 관련이 있으므로 무한한 불만족과 무한소적인 즉각적 충족이 동시에 나타나지. 나는 콜라에 손을 뻗어. 내가 네안데르탈인이기 때문이 아니라, 내 욕망이 무한하다는 나를 미치게 만드는 구조적으로 결합된 사고를 피하고 싶기 때문이야. 그러나 난 모든 것을 원해야만 하지. 이게 말이 돼?

말이 되고 또 말이 나온 김에, 너무 관계없는 게 아니라면, 난 이 멋진 대화 후에 무슨 일이 일어날지, 자리를 떠나서 내가 편집하는 저널에 어떻게 거절 편지를 쓸지, 그리고 네가 다음에 무엇을 할지 누가 알 수 있는지에 관해 이야기하고 싶어 ⋯ 나는 이것을 20세기에 일어난 노동 변화 과정의 관점에서 맥락화하고자 해. 먼저 포드주의와 테일러주의의 부상이 있었고, 선반 작업 등을 포함한 기계적인 육체노동의 가축화, 조립 라인 공장 생산의 규범화, 대수 생산성이 생겨났지.

그런데 특히 1970년대에 나쁜 공기, 공장 매연, 천식이 만연한 도시 지역에서 자란 우리에게는 그 생산 모델이 모든 면에서 삶과 환경을 손상시킨다는 것이 명백해졌어. 따라서 노동력 — 반노조 세력과 환경 세력이 이 지점에서 일시적으로 동맹을 맺었는데 — 을 역외에 위탁하고 산업을 다른 곳으로, 점점 더 아시아로 보내서 우리가 산업 생산성의 성과를 즐기지만 부정적인 환경 영향을 겪지 않도록 해야 한다는 압력이 가중되었어. 그러나 그때 딜레마가 생겼지. 북반구의 훌륭한 중산층 사람들이 공장에서 일하지 않는다면, 그들은 무엇을 할 것인가? 우리는 여전히 생존을 위해 일종의 임금 노동이 요구되는 화폐경제에 갇혀 있어. 그리고 그 딜레마는 포스트산업화 질서의 일부로서 "지식 경제"의 진화를 촉진하는 데 도움이 되었지. 나는 오랫동안 사회학적, 인류학적 현상으로서의 정신노동에 관심을 가졌고, 1970년대 이후 '지식인'이 부상하는 시점에도 관심을 가졌어. 꼭 고등한 사상가를 말하는 게 아니라, 단지 생계를 위해 생각하고 지식을 조작하는 사람을 말하는 거야.

그래서 내가 우리 둘에 관해 생각한다면, 오늘 우리는 많은 생각을 하게 될 거라고 봐. 우리의 많은 업무는 느슨하게 정의될 것이고 오히려 제도적 의무라는 관점에서는 자유로울 거야. 그러나 정신노동자의 하루가 실제로 끝난다고 말하는 것도 의미가 없어. 우리가 잠에 들 수 있다고만 한다면, 우리는 잠이 들 때까지 계속 생각할 거야. 우리의 경험이 특정적이기에 우리의 경험을 너무 과하게 일반화하고 싶지는 않지만, 내가 보기에 이것이 비-노동의 종식이 가진 또 다른 양상이야. 인터페이스의 차이이기도 하지. 기계적인 육체노동에서 인터페이스는 너의 선반 기계이며 넌 하루에 일정 시간 동안 기계를 돌려야 해. 하지만 그 금속 덩어리를 공장에서 집으로 가져올 수는 없어. 그러나 너와 내가 "지식 작업"을 하기로 한다면 우리의 도구와 재료는 우리의 기억 속에, 우리의 담론 속에, 그리고 오늘날에는 클라우드의 모든 곳에 있어. 일에서 떨어진 집이 없음은 의심의 여지 없이 정신노동자의 스트레스와 모든 것을 다루기 위해 끊임없이 분발해야 한다는 감각에 기여해.

나는 이에 관해 추가적인 생각을 가지고 있는데, 왜냐하면 그것이 여가에 관한 개념, 장치, 담론과 관련이 있기 때문이야. "여가 시간"은 일요일을 쉬고 아이들이 굴뚝에 올라가지 않아도 되기 위해 사람들이 죽었음을 의미해. 맑스와 엥겔스에게는 자본가들이 집을 단지 인간이 숨 쉴 수 있는 크기로 만들기 위해 인간이 숨 쉴 수 있는 정확한 세제곱인치 값을 어떻게 계산했는지 보여주는 믿을 수 없는 범주화가 있어. 그리고 하루에 정확한 분량의 칼로리를 그들에게 제공하지 ⋯ 이제 일하는 사람이 줄어들면서, 자본주의가 잉여노동 시간을 어떻게 착취하는지가 진정으로 드러났어. 여가 시간도 노동으로 바뀌고 있지. 특히 인터넷이 발달하면서 말이야. 인터넷은 학계와 군대에서 시작되었고 이제는 모두가 하지.

그리고 사람들은 페이스북에 글을 올릴 때 무엇을 하고 있는 것일까? 모든 사람은 항상 자신을 알리기 위해 일하고 있어. 그건 정확히 가장 짜증 나는 종류의 지적 노동, 관료적으로 글을 게시하고 댓글을 남기는 종류의 노동이지. 그렇지만 이제 모두가 그걸 하고 있으니, 넌 너의 일요일을 이 지적 노동에 바쳐야 해. 우리가 적극적으로 참여하고 있는 자유 시간에 관한 전쟁이 있어. 하지만 우리의 자유 시간을 없애는 것은 어쩐지 매우 쾌락적이야. 예를 들어, 네가 해변에 있는데 가장 친한 친구가 낚시만 하고 온라인 상태가 아니라면, 궁금할 거야. 도대체 어디 있는 거야? 보고 싶어. 외로워. 말을 걸 수 없어. 나는 그 친구가 얼마나 오래 사라질지조차 알 수 없어. 난 그냥 좀 느긋이 있을 거야. 그밖에 달리 할 게 없어. 난 느긋이 있을 거야. 난 기다릴 거야, 진정해, 진정해-기다려-불안해. 그러나 친절한 불안이지. 이것이 주말에 나에게 일어난 일이야. 난 논문을 쓰고 있고, 동료 작가와 스카이프를 통해 말하고 있으며, 그리고 다른 회의에 가야 해.

붐! 점심시간. 그러자 갑자기 : 내 공동 작가는 어디 있지? 나에게 생각들이 있으니 도움이 필요해! 그 모든 감정은 여가 시간의 표준화와 그것을 채우려는 강박에서 우러나오지. 〈여가〉 Leisure라는 멋진 [영국 록밴드] 〈XTC〉[4]의 노래가 있는데, 이 노래는 일하던 공장이 로봇들로 업그레이드되면서 실직하게 된 한 남자에 관한 거야. 1982년에 발표되었고 "나는 여가 속으로 빠져 죽고 있어"가 후렴구지. 너도 알잖아, 그들은 일하는 법은 가르쳐 주지만, 게을리하

---

4. 〈XTC〉의 〈여가〉 뮤직비디오는 다음 링크에서 볼 수 있다. https://www.youtube.com/watch?v=nwKjnLE8j0M

는 법을 가르쳐 줄 순 없어. 우린 게을리하는 법을 몰라. 아니면 그냥 앉는 법을. 아니면 존재의 예술로서 기다리는 법을.

어떤 면에서 유비적인 모델은 청소 동물일 거야. 나는 한 인터뷰에서 나 자신을 생태적 알아차림을 위한 "대변–독수리"spokes-vulture라고 기술한 적이 있어. 우리는 죽음과 독수리들에게 잡아먹히는 것에 관해 이야기해 왔지. 그리고 나서 독수리들이 합창단을 이루며 주위에 앉아 모든 주요 활동을 논평하는 어린이 영화에 관해 이야기했어. 인류학적으로 우리가 청소 동물이기 때문에 우리와도 관련이 있어, 안 그래? 내 말은, 우리는 그냥 사냥 게임을 하는 게 아니야. 인간은 다른 것들 못지않게 스캐빈저[5]야.

스캐빈저이자 비치코우머[6]지. 따라서 항상 기회를 기다리는 독수리나 청소 동물에 대한 유비야. 그러나 이런 식별은 거부되고 있어. 어슬렁거리는 젊은이 집단을 항상 수상쩍게 여기는 방식으로 거부되고 있지. 그들은 심지어 범

---

5. 생물의 사체 따위를 먹이로 하는 동물을 통틀어 이르는 말이자, 자연환경의 시체 청소노동자 역할을 하는 동물을 뜻하는 영어.
6. beachcomber. 재미로 또는 팔기 위해 해변에서 나뭇조각, 조개 등을 수집하거나 찾는 사람을 가리키는 용어.

죄자로 내몰렸지. 뉴욕에서는 ─ 특히 9·11 테러 이후 ─ 세 명 이상의 젊은이가 사회적 공간에서 어슬렁거리기만 해도 경찰에 붙잡혀갈 수 있어. 그래서 만약 그리드에서 탈연결하기가 에너지 처리량을 바꾸는 것에 관한 것이라면, 날 쇼핑몰로 데려갈 휘발유가 없을 때, 내가 여기 갇혀 있을 게 아니라면 나는 걸어서 가거나 자전거를 타고 가야 할 거야. 포식자처럼 행동하며 새로운 경험을 수색해서는 내 욕망을 충족시킬 수 없으니까, 대신 내 독수리 상태를 받아들여야 해. 내면의 스캐빈저를 받아들여라! 호아킨 피닉스의 영화 〈그녀〉가 생각나. 아, 그거. 천재적이야.

우리가 즉시 알아차린 것 중 하나는 미래에는 모든 사람이 플란넬 바지를 입고 있다는 거야. 그리고 훨씬 느린 속도로 움직이고 있지. 보아하니 밖에 앉아 있는 사람들이 많을 것 같아. 그 재시간화는 양면적으로 묘사된 것이 분명하지만 판타지로서 흥미로웠어. 그 느린 시간에는 회색의 슬픈 무목적성이 있었지. 표준 문명적 가속주의를 뒤로한 것이 약간의 승리인 것처럼 그려지기도 했지만 말이야. 판타지의 일부는 우리의 새로운 상호작용적 디지털 기술과 인공지능이 마침내 우리에게 오래전에 약속된 절대적인 여가 조건을 제공했다는 거야. 그러나 물론 우리는 여가가 공허하고 목적이 없으며 갈망으로 가득 차 있음을 발견하게 되지. 그 메시지는 이런 거야. 실제로-현존하는 우리의 디지털 기술이 지난 30년 동안 한 일은, 여가 시간을 대개 무임금 노동의 형태로 재식민지화하는 거였다는 점, 그래도 괜찮다는 거야. 가부장제 더하기 세탁기지. 이제 세탁할 게 훨씬 더 많아. 페이스북, 트위터, 그리고 텀블러 계정들 세탁하기를 포함하여 그것들의 반짝이는 외관과 신선한 냄새를 유지하는 거지.

유지보수할 게 너무 많아. 맑스가 말하듯, 우리는 철로 된 기계의 살로 된 부속물이 되었어. 기계를 유지하는 게 우리가 하는 일인 거지. 어쩌면 철로 된 기계가 아니라 실리콘과 전기로 된 기계일지도. 매끄럽게 기능하는 농업로지스틱스적 기획을 유지하는 일은 말할 것도 없지. 어떤 대가를 치르더라도 우리는 매끄러운 기능을 계속 유지해야 하며, 매끄러운 기능의 매끄러운 기능을 계속 유지해야 해. 우리는 모든 모래알이 진주가 될 수 있다고 믿고 싶어 하지.

갈 시간인가? 그래. 하지만 이건 계속될 거야, 안 그래?

물론이지. 결국에는 우리에게 달린 일이 아니야.

Sara Ahmed, *Living a Feminist Life* [사라 아메드, 『페미니스트
로 살아가기』, 이경미 옮김, 동녘, 2017.]

Susan Buck-Morss, "Hegel and Haiti" [수잔 벅모스, 「헤겔과 아
이티」, 『헤겔, 아이티, 보편사』, 김성호 옮김, 문학동네, 2012.]

Ta-Nehisi Coates, "The First White President"

Alfonso Cuaron, *Gravity* [알폰소 쿠아론, 〈그래비티〉, 2013.]

Gilles Deleuze and Felix Guattari, *A Thousand Plateaus* [질 들
뢰즈·펠릭스 가타리, 『천개의 고원 : 자본주의와 분열증 2』, 김
재인 옮김, 새물결, 2001.]

Jacques Derrida, "There is No 'One' Narcissism"

Nick Estes, *Our History is the Future*

Denise Ferreira da Silva, *Toward a Global Idea of Race*

Shulamith Firestone, *Dialectic of Sex* [슐라미스 파이어스톤, 『성
의 변증법 : 페미니스트 혁명을 위하여』, 김민예숙·유숙열 옮
김, 새물결, 2001.]

Sigmund Freud, *The Interpretation of Dreams* [지크문트 프로이
트, 『꿈의 해석』, 김인순 옮김, 열린책들, 2020.]

Ganzeer, *The Solar Grid*

Jón Gnarr, *Gnarr!* [욘 그나르, 『새로운 정치 실험 아이슬란드를 구하라』, 김영옥 옮김, 새로운발견, 2016.]

David Graeber, *Bullshit Jobs* [데이비드 그레이버, 『불쉿 잡 : 왜 무의미한 일자리가 계속 유지되는가?』, 김병화 옮김, 민음사, 2021.]

Donna Haraway, *The Companion Species Manifesto* [도나 해러웨이, 「반려종 선언 : 개, 사람 그리고 소중한 타자성」, 『해러웨이 선언문 : 인간과 동물과 사이보그에 관한 전복적 사유』, 황희선 옮김, 책세상, 2019.]

Graham Harman, *Object-Oriented Ontology*

GWF Hegel, *Phenomenology of Spirit* [게오르크 빌헬름 프리드리히 헤겔, 『정신현상학』, 김양순 옮김, 동서문화사, 2011.]

Douglas Holmes, *Integral Europe*

Andrew Hussie, *Homestuck*

Luce Irigaray, *This Sex Which is Not One* [뤼스 이리가라이, 『하나이지 않은 성』, 이은민 옮김, 동문선, 2000.]

Hajime Isayama, *Attack on Titan* [이사야마 하지메, 『진격의 거인』, 설은미·최윤정 옮김, 학산문화사, 2011~2021.]

NK Jemisin, *How Long 'til Black Future Month?* [N.K. 제미신, 『검은 미래의 달까지 얼마나 걸릴까?』, 이나경 옮김, 황금가지, 2020.]

Eduardo Kohn, *How Forests Think* [에두아르도 콘, 『숲은 생

각한다 : 숲의 눈으로 인간을 보다』, 차은정 옮김, 사월의책, 2018.]

Karl Marx, *Grundrisse* [칼 맑스, 『정치경제학 비판 요강』 I·II·III, 김호균 옮김, 그린비, 2007.]

Marshall McLuhan, *Understanding Media* [마셜 매클루언, 『미디어의 이해 : 인간의 확장』, 김상호 옮김, 커뮤니케이션북스, 2011.]

Reza Negarestani, *Cyclonopedia* [레자 네가레스타니, 『사이클로노피디아 : 작자미상의 자료들을 엮음』, 윤원화 옮김, 미디어버스, 2021.]

Elizabeth Povinelli, *Geontologies*

Marshall Sahlins, "The Original Affluent Society" [마셜 살린스, 『석기시대 경제학』, 박충환 옮김, 한울아카데미, 2014.]

Audra Simpson, *Mohawk Interruptus*

David Smith, *If*

Boots Riley, *Sorry to Bother You* [부츠 라일리, 〈쏘리 투 보더 유〉, 2018.]

Hermann Scheer, *The Solar Economy*

Anna Tsing, *The Mushroom at the End of the World* [애나 로웬하웁트 칭, 『세계 끝의 버섯 : 자본주의의 폐허에서 삶의 가능성에 대하여』, 노고운 옮김, 현실문화, 2023.]

Raoul Vaneigem, *The Revolution of Everyday Life* [라울 바네겜,

『일상생활의 혁명 : 젊은 세대를 위한 삶의 지침서』, 주형일 옮김, 갈무리, 2017.]

Denis Villeneuve, *Arrival*[드니 빌뇌브, 〈컨택트〉, 2016.]

Raymond Williams, *Marxism and Literature*[레이먼드 윌리엄스, 『마르크스주의와 문학』, 박만준 옮김, 지식을만드는지식, 2013.]

Jeff Vandermeer, *Borne*

Kathryn Yusoff, *A Billion Black Anthropocenes or None*

그 외 저자가 본문에서 언급한 콘텐츠[1]

Rick Berman, Michael Piller, and Ira Steven Behr, *STAR TREK: DEEP SPACE NINE*[릭 버먼, 마이클 필러, 아이라 스티븐 베어, 〈스타트렉: 딥 스페이스 나인〉, 1987.]

Neill Blomkamp, *Elysium*[닐 블롬캠프, 〈엘리시움〉, 2013.]

Neill Blomkamp, *District 9*[닐 블롬캠프, 〈디스트릭트 9〉, 2009.]

James Cameron, *The Terminator*[제임스 카메론, 〈터미네이터〉, 1984.]

Chaosium, *Call of Cthulhu*[케이오시움, 〈콜 오브 크툴루〉, RPG]

David Cronenberg, *Videodrome*[데이비드 크로넨버그, 〈비디오

---

1. 아래의 목록은 한국어판 옮긴이가 독자들을 위해 작성하였다.

드롬〉, 1983.]

Nicola Davies and Emily Sutton, *Tiny: The Invisible World of Microbes* [니콜라 데이비스 글, 에밀리 서튼 그림, 『아주 작은 친구들: 보이지 않는 미생물의 세계』, 김명남 옮김, 시공사, 2014.]

L. Sprague De Camp, *The Virgin and the Wheels*

Philip K. Dick, *A Scanner Darkly* [필립 K. 딕, 『스캐너 다클리』, 조호근 옮김, 폴라북스, 2020.]

David Fincher, *Fight Club* [데이비드 핀처, 〈파이트 클럽〉, 1999.]

Joseph Fink and Jeffrey Cranor, *Welcome to Night Vale* [조셉 핑크, 제프리 크레이너, 〈웰컴 투 나이트베일〉, 2012.]

Jón Gnarr, *Hotel Volkswagen*

Jón Gnarr, *The Late Late Show with Craig Ferguson*

Andrew Hussi, *Homestuck* [앤드류 허씨, 〈홈스턱〉, 2009.]

Duncan Jones, *Moon* [덩컨 존스, 〈더 문〉, 2009.]

Spike Jonze, *Her* [스파이크 존즈, 〈그녀〉, 2013.]

Stanley Kubrick, *2001: A Space Odyssey* [스탠리 큐브릭, 〈2001: 스페이스 오디세이〉, 1968.]

Jae Rhim Lee, *My mushroom burial suit* [이재림, 〈나의 버섯 수의〉, 2011.]

Terrence Malick, *The Thin Red Line* [테런스 맬릭, 〈씬 레드 라

인〉, 1998.]

George Miller, *Mad Max Beyond Thunderdome*[조지 밀러, 〈매드 맥스 썬더돔〉, 1985.]

Wally Pfister, *Transcendence*[월리 피스터, 〈트랜센던스〉, 2014.]

Gene Roddenberry, *STAR TREK: THE NEXT GENERATION*[진 로덴베리, 〈스타트렉: 넥스트 제너레이션〉, 1987.]

Ridley Scott, *Blade Runner*[리들리 스콧, 〈블레이드 러너〉, 1982.]

David J. Smith, Steve Adams, *If: A Mind-Bending New Way of Looking at Big Ideas and Numbers*[데이비드 J. 스미스, 스티브 애덤스, 『지구의 역사가 1년이라면』, 황세림 옮김, 푸른숲 주니어, 2015.]

Lars von Trier, *Melancholia*[라스 폰 트리에, 〈멜랑콜리아〉, 2012.]

Lana Wachowski and Lilly Wachowski, *The Matrix*[라나 워쇼스키 · 릴리 워쇼스키, 〈매트릭스〉, 1999.]

Robert Earl Wise, *STAR TREK*[로버트 와이즈, 〈스타트렉〉, 1979.]

XTC, *Leisure*

Brian Yuzna, *Necronomicon*[브라이언 유즈나 외, 〈공포의 이블 데드〉, 1993.]

부록: 새로운 전체론

새로운 전체론[1]

불교의 무아 개념은 종종 당신이 전혀 현존하지 않는다는 의미로 받아들여진다. 그것도 괜찮겠지만, 그렇다면 당신은 애초에 사물이 왜 발생하는지를 설명해야 하고, 그 체계에 따를 때 깨달음을 얻는 자는 도대체 누구인지를 궁금해할 수밖에 없다.

문제는 불교도들 자신의 특정한 불교 해석에서 비롯된다. 일부 불교도들은 공空, 사물들이 진정으로 현존하지 않는다는 착상이 사물의 궁극적인 실재성은 일종의 총체적

---

1. 이 글은 티머시 모턴의 "A New Holism"을 번역한 것이다. 출처는 "A New Holism," in Daniela Zyman and Eva Ebersberger, eds., *Olafur Eliasson Green Light : An Artistic Workshop* (Berlin : Sternberg Press, 2017), 44~51. 저자 티머시 모턴과 도미닉 보이어의 허락을 얻어 『저주체』 한국어판의 부록에 수록한다.

공허를 의미한다고 생각한다. 우리가 만약 이 모델을 거꾸로 뒤집고 공이 사물의 궁극적 본성이라기보다는 사물이 발생하는 방식, 그리고 사물이 현존하는 방식에 대한 일종의 기반이라고 생각하는 다른 불교도들과 의견을 같이한다면 어떨까? 내 말은, 만약 부처가 현존한다면 부처는 여전히 화장실을 사용할 수 있다. 부처는 현금 인출기에서 돈을 인출할 수 있다. 부처는 국경에서 사람들을 구할 수 있다. 이것은 부처가 어떤 방식으로든 현존한다는 것을 시사하는 것처럼 보인다.

부처는 당신과 나, 난민과 지구상의 다른 모든 인간, 그리고 그 외 다른 모든 것과 마찬가지로 우리가 추정하는 것보다 작게 현존할 따름이다. 사물들은 구멍투성이다. 같은 것을 말하는 더 우아한 방식은 사물들이 열려 있다고 말하는 것이다. 팀[티머시의 애칭] 모턴은 열려 있다. 무슨 의미인가?

우선 물리적 수준에서, 엄밀하게 팀이 아닌데 팀으로 추정되는 것이 너무 많다. 팀은 팀에 관한 모든 것에 붙은 일종의 "인텔 인사이드"[2] 스티커를 가지고 있지 않다 : 이것은 팀 모턴 세포, 이것은 팀 모턴 DNA 가닥, 이것은 팀 모턴 폐임.

팀은 팀이 아닌 온갖 사물(나는 방금 세 가지를 언급했다)로 만들어져 있다. 설령 당신이 진화를 생각하지 않는다고 하더라도, 이는 참이다. 그러나 만약 당신이 진화를 생각한다면, 이는 특히 참이다.

게다가 팀의 사상 또한 엄밀하게 팀의 것이 아니다. 사상에는 팀의 도장이 찍히지 않았다. 만약 그렇다면 우리는 팀이 말하는 논리적인 것이 (매우 드물게) 참인지 확인하기 전에 먼저 팀이 무엇인지 알아야 할 것이다. 그리고 우리에게는 팀을 기술하는 논리가 필요할 것이다. 그러나 논리는 우리가 증명하고자 하는 것이다. 그러므로 우리는 나쁜 순환성을 가지고 있다. 따라서 사유thoughts가 팀, 오직 팀의 증상이라는 이 착상은 옳을 수 없다. 트위터의 시대에 사유가 나의 본질적 파편이라기보다는 트윗에 더 가깝다는 것은 명백하다. 만약 사유가 나의 본질적 파편이었다면, 사유는 리트윗될 수 없었고, 나와 분리되어 세계 곳곳으로 전송될 수 없었다. 애초에 사유가 내 것이 아니라

---

2. 컴퓨터나 노트북의 표면에 붙이는 인텔사의 로고 스티커. 이 스티커는 해당 기계가 인텔 프로세서를 사용하고 있음을 나타내며, 종종 해당 기계의 성능을 강조하기 위해 사용된다.

는 정확한 이유로 인해 나는 사유를 가지고 온갖 일을 할 수 있다.

팀이 사는 곳도 마찬가지이다. 아기를 키우는 경험은 훌륭한 스승이다. 당신은 당신의 세계가 줄어들고 있음을 깨닫기 시작한다. 만약 당신이 집 한 채를 가질 수 있을 만큼 운이 좋다면, 당신이 자기 집이라고 여겼던 바로 그 집은 점점 더 당신의 것이 되지 않게 된다. 아기가 기어다니고, 물건을 사용하고, 물건을 넘어뜨리고, 당신은 이 플러그를 고치고 싶을 뿐인데 그때 아이가 관심을 달라며 소리를 지르기 시작하면, 당신은 자신이 항구적으로-줄어드는 당신-공간의 섬에 거주하고 있는 것처럼 느낀다···.

마침내 남은 반경 1미터의 섬, 당신의 신체를 둘러싸고 있는 섬마저 사라지고 나면 당신은 진정하게 되고 진실을 깨닫게 된다 : 당신은 애초에 집을 가져본 적이 없다. 당신은 호텔이나 일시적인 야영지에 사는 것처럼 언제나 그 안을 스쾃하고 있었다.

그렇지만 이는 좋은 소식이다. 당신은 그런 방식으로 집을 더 즐긴다. 당신은 집을 계속 유지 보수하지 않아도 된다. 당신은 당신 자신을 계속 유지 보수하지 않아도 된다. 당신은 본래적이 되려고 노력할 필요가 없다. 당신이 무엇이든 당신은 구멍투성이고 열려 있다. 당신이 생각한 것보다 당신은 작다. 미국에서 결혼하면 세법은 부부를 1.5명으로 취급한다. 그것은 심리학적으로 그리고 존재론적으로 참이다. 당신은 한 인격의 4분의 3이다. 그러나 이는 무언가를 하고 무언가가 일어나도록 내버려둘 수 있는 훨씬 더 많은 여유 공간이 있음을 의미한다.

그것이 공을 생각하는 방식이다. 그것은 느낌이다. 불교의 밀교 학파는 동의한다. 그것은 당신이 "아아!"하며 소파나 공원 벤치에 기진맥진하게 주저앉거나 아주 긴 여행을 마치고 무사히 시골에 도착한 순간이 주는 광활함 spaciousness의 느낌이다. 공에 대한 산스크리트어 음절은 바로 이런 이유로 "아"AH이다. 공은 안도의 숨결, 언제나-이용 가능한 여유 공간의 사랑스러운 사치이다. 당신이 누구든, 언제나 이용 가능하리라. 이것이 부처의 급진적 메시지였다. 당신이 어떤 계급인지는 중요하지 않다. 기억하라. 당신은 총체적으로 단단하게 당신이 아니므로 당신의 계급에 의해 정의되지 않는다. 그래서 당신이 누구든, 혹은 어디에 있든, 어떤 상황에서도 여유 공간을 찾는 실천을 할 수 있다. 그 점에는 약간 무정부주의적인 방식으로 매우 힘을 실어주는 무언가가 있다. 당신이 통제권을 가지고 있다. 당신은 언제 조작해야 할지를 알려주는 어떤 권위를 기다릴 필요가 없다. 왜냐하면, 근본적으로 수많은 조작이 진행되고 있기 때문이다. 당신은 수많은 조작에 조율해야 할 따름이다.

이제 당신은, 내가 처한 삶의 상황보다 내가 "더 크기" 때문이라고, 나는 어떤 방식으로든 내가 처한 삶의 상황을 넘어서기 때문에 그런 것이라고 생각할지도 모른다. 하지만 우리가 방금 발견한 것으로 인해, 그런 방향에서 보는 것은 좀 틀린 것이다. 비유적으로 말하자면, 우리는 4분의 3의 사람이다. 존재론적으로 우리는 작다. 존재론적이란 "사물이 현존하는 방식과 관련이 있음"을 의미한다. 5만 원 지폐, 컴퓨터 케이블, 면도날 같은 사물들은 우리가 생각하고자 하는 것보다 덜 무겁고 이용하기 어렵지 않다. 그것들은 스스로 그러한 것이다 ─ 그것들은 절대적으로 아무것도 아닌 것이 아닌데, 당신은 포크를 다룰 수 있고 면도날이 5만 원 지폐가 아니라는 것을 알고 있다.

사실상 당신보다 당신-아닌 사물이 훨씬 더 많다는 것

이 참이다. 팀이 살아있기 위해서 팀 속에는 비-팀 DNA가 훨씬 더 많이 있어야 한다. 박테리아 미생물 군집을 생각해 보라. 당신의 세포 속 에너지 뭉치인 미토콘드리아를 생각해 보라. 미토콘드리아는 실제로 자신의 고유한 DNA를 가진 박테리아 공생체이다. 만약 당신이 단 하나의 사유를 가지고 있다면, 당신은 그 무엇도 할 수 없을 것이다. 당신이 얼마나 많은 사유를 가지고 있는지, 그리고 그것들 또한 얼마나 열려 있고 다양한지 생각해 보라. 왜냐하면 사유들 또한 총체적으로 사유들 자신이 아니기 때문이다. 사유들 또한 온갖 여유 공간을 포함하고 있다.

당신의 집에는 당신의 것보다 훨씬 더 많은 것이 있다. 비록 물리적으로도 참일 수 있지만, 물리적인 의미에서가 아니다. 오히려 사물이 현존하는 방식과 관련이 있는 존재론적 의미에서 그렇다. 그리고 만약 우리가 "집"을 "내가 물건과 잘 지내는 데 사용하는 내 세계 속의 모든 물건"을 의미하는 것으로 간주한다면 — 실제로 이는 꽤 좋은 정의이다! — 명백하게 "모든 물건"은 상당히 열려 있는, 즉 무한한 목록이다. 내가 끝이 없다고 했던가? 아니다. 나는 무한이라고 말했는데, 이는 엄밀하게 "영원히 계속함"을 의미하지 않는다. 왜냐하면 숫자도 실제로는 단단하지 않기 때문이다. 무한이 엄밀하게 의미하는 것은 당신이 셀 수 없음이다.

무슨 뜻인가? 요컨대, 나는 팀과 같은 사물이 현존한다면 이 사물은 다른 사물들과 같은 방식으로 현존한다는 착상을 가지고 있다. 이렇게 말하면 그것은 중요하지 않은 것처럼 들리는데, 여기서 "그것"은 객체지향 존재론이다. 그런데 그것은 중요하다. 이는 사물들이 현존하기 위한 동일한 권리를 가진다는 의미는 아님에 주의하라. 그렇게 말하는 것은 끔찍할 것이고, 내가 여기서 언급하는 바로 그 착상, 즉 사물의 집단이 그 구성원이나 부분과 같은 방식으로 현존한다는 바로 그 착상에 따르면 비논리적일 것이다. 잠시 후 이에 관해 알아보겠다.

그 착상은 중요한 것인데, 그 이유를 잠깐 생각해 보라. 만약 축구팀이 현존한다면 — 나는 객체 경찰이 아니므로 당신에게 증명하지 않을 것이다 — 축구팀은 하나의 사물이다. 그것은 전체이다. 이 전체는 11개의 부분, 선수들로 구성되어 있다. 최소한으로 말해서 11개인 것이다. 우리는 감독, 경기장, 경기, 축구 선수들이 가지고 다니는 물건들을 제외하고 있다(위 참조).

그러므로 충격에 대비하라. 전체는 언제나 부분의 합보다 작다.

나는 그런 반직관적인 것을 쓰는 데서 매우 재미를 느낀다. 내가 방금 어린아이가 이해할 수 있게 아주 간단하게 증명한 것은 아마도 어린아이가 당신과 나보다 더 잘 이해할 수 있다. 왜냐하면 어린아이는 반대의 착상을 주입당하지 않았기 때문이다. 그 반대의 착상은 우리가 우리의 우월한 지능을 과시하면서 현명하게 고개를 끄덕이며 서로에게 계속 말하는 것이다 : "전체는 언제나 부분의 합보다 크다." 놀라운 점은 당신이 이와 반대되는 것을 읽을 때 당신은 아마도 그 착상을 삭제하는 버튼을 누르리라는 것이다. 아마도 당신은 팀 모턴에게 문제가 있음이 분명하기에 더는 팀 모턴을 읽을 필요가 없다고 생각할 것이다.

나는 전체가 부분의 합보다 크다는 착상이 신플라톤주의적 형태를 통해 다듬어진 농업 시대의 유일신교(그것이 이슬람교가 되었든, 기독교가 되었든, 유대교가 되었든)에서 유래한 일종의 트윗이라고 생각한다. 신은 편재하며, 이는 신이 공간과 시간을 통틀어 영원히 계속됨을 의미한다. 그리고 신은 전지한데, 즉 신은 목록을 만들고 두

번 확인하는 산타클로스처럼 모든 것을 일거에 볼 수 있다. 그리고 신은 전능한데, 이는 신이 무엇이든 무엇이든지할 수 있음을 의미한다. 그래서 신은 우주 전체보다 존재론적으로 더 크며, 당신은 우주 전체는 신이라는 전체 안에 포함된 부분이라고 말할 수 있다 — 나는 지금 이 개념을 잘게 쪼개는 모든 놀라운 방법에 관해 다루지 않을 것이다. 나는 이 논증에서 내가 어떤 입장을 취하는지 당신이 이해할 수 있도록 큰 그림을 그리려고 노력하고 있을 따름이다.

신은 농업 문명의 왕, 모든 사람에게 이 전체가 그들보다 "더 큰 무언가"라고 말하는 방식으로 자신들이 전체에 속해 있음을 확신시켜 주는 존재자이다. 사람들이 흔히 하는 말이 아닌가? "저는 더 큰 무언가를 믿고 싶었고 더 큰 무언가의 일부가 되고 싶었습니다." 당신은 전체가 더 큰 방식으로 전체의 부분이다. 만약 당신이 죽으면, 다른 사람이 당신의 일을 하러 올 것이라는 점에서 전체에 문제가 되지 않는다. 부처가 저항했던 카스트 제도는 이런 종류의 생각에서 비롯된다.

국가는 사실 위대한 큰 전체가 아니라 작은 전체이다.

보다시피, 나는 전체론자가 되는 것이 아주 중요하다고 생각한다. 부분만이 존재하지는 않는다. 만약 그것이 참이라면 사물을 부분으로 환원하는 것은 옳은 일임이 틀림없다. 그러나 〈반지의 제왕〉에서 간달프가 말한 것을 기억해 보라. "어떤 것이 무엇인지를 알아내기 위해 파괴하는 자는 지혜의 길을 떠난 것일세." 그리고 존재론의 길 또한 마찬가지이다 : 만약에 분필 조각이 무엇인지를 알아내기 위해 분필을 부수면, 직전에는 하나였던 두 개의 문제를 가지게 된다. 이제 설명할 분필 조각이 두 개 있기 때문이다. 입자 가속기도 마찬가지이다. 혹은 마거릿 대처를 따라 하며 "사회 같은 것은 존재하지 않는다"라고 말할 수도 있다. 그러면 당신은 모든 종류의 절단을 정당화할 수 있다. 왜냐하면 당신은 당신이 자르고 있는 사물(이 경우에는 사회)이 소위 개인이라고 불리는 것들만큼 현존하지는 않는다고 말할 수 있기 때문이다.

　　그러나 그 반대도 좋지 않다. 그것은 내가 폭발적 전체론이라고 부르는 것, 전체는 언제나 부분의 합보다 크다는 믿음이다. 예를 들어 만약에 당신이, 전체는 언제나 부분의 합보다 크다고 믿는다면, 당신은 일종의 무심한 공리주의자가 되어 다음과 같이 말할 수 있다. "글쎄요, 이 북극곰이 죽는 것은 중요하지 않아요. 왜냐하면 북극곰의 개체군 일반이 더 실재적이고 따라서 더 중요하기 때문이에요. 북극곰은 그것 없이는 현존하지 않을 것이므로 우리는 이 특수한 개체에 관해 별로 신경을 쓰지 말아야 합니다." 지구 온난화로 인해 북극곰이 단 몇 마리로 줄어들면 이 착상이 어디로 이어질지 알 수 있다. 그것은 멸종이라 불리는 것이다.

그리고 당신은 폭발적이고 부분의-합보다-큰 방식으로 자연이 전체라고 믿을 수 있다. 멋지게 들리지 않는가? 가이아 가설은 그렇게 나타난다. 그러나 그것은 전혀 멋지지 않다. 만약 북극곰이 멸종하더라도 가이아나 자연이 곰을 다른 것으로 대체할 것이기 때문에 문제가 되지 않는다. 곰, 인간, 이 나무는 모두 기계의 부분인데, 왜냐하면 기계는 대체 가능한 (전체보다 덜 중요한 것으로 알려진) 구성요소를 가진 전체이기 때문이다.

전체가 없다면 당신이 현존하지 않는다는 것 ― 예를 들어 당신은 어머니라고 불리는 것에서 나왔다 ― 은 참이지만, 그것은 전체가 당신보다 실재적임을 의미하지 않는다. 그리고 이것은 다시 저 아래에, 사물들 내부에 훨씬 더 많은 여유 공간이 있다는 것을 의미한다. 전체는 구멍투성이다.

우리는 왜 여권을 가지고 있는가? 국가는 존재론적으로 작기 때문이다. 국가는 온갖 의식과 문서로 유지되어야 한다. 국가는 매우 크고 매우 강력할 수 있으며, 지금 당장은 폭동 진압 장비를 입고 물대포를 들고 있는 어떤 사람으로 표상된다. 그러나 존재론적으로, 국가는 미시적이다. 국가는 다수성을 포함한다. 국가는 여유 공간을 가진다. 무언가가 일어날 수 있다. 변화가 일어날 수 있다. 세상을 바꾸는 것과 같은 일을 할 수 있다.

지난 수십 년간 지적 게임은 몇몇 사람이 냉소적 이성이라고 부르는 것으로 특징지어졌는데, 이것은 내가 방금 쓴 것과 같은 문장들을 정말, 정말 한심한 것으로 여긴다는 것을 의미한다. 나는 우리가 얼마나 마비되어 있는지, 당신이 상상할 수 있는 것보다 얼마나 더 마비되어 있는지, 이 세상이 얼마나 나쁜지, 변화하기가 얼마나 어려운지 말하기로 되어 있으며, 그것이 나를 당신보다 지적으로 보이게 만드는 것으로 여겨진다. 도대체 우리는 어떻게 스스로를 이 구석으로 몰아넣었을까? 여기서도 다시 폭발적 전체론과 관련이 있다. 만약 사회, 역사, 자본주의, 혹은 무엇이 되었든 그것이 정말로 존재론적으로 우리보다 크다면, 우리에게는 냉소적이어야 할 만한 모든 이유가 있다. 그러나 그것은 오직 당신이 그것을 허용하는 경우에만, 다른 말로 하자면 당신이 특정한 종류의 신의 현존을 정당화하는 신플라톤주의적인 유신론 방식을 고수하는 경우에만 더 클 뿐이다. 당신은 사회나 자본주의를 그 신으로 만든 것일 뿐이다. 만약 당신이 좌파라면, 이런 것이 당신을 더 똑똑해 보이게 만든다는 것은 웃기는 생각이다. 그것은 기능적으로 사탄 숭배의 형태로 보이는 어떤 종류의 근본주의와 기묘하게 유사하다. 왜냐하면 근본주의는 많은 경우에 사탄이 신보다 더 강력할 수 있다고 믿으며, 당신이 하는 모든 것과 생각하는 모든 것이 어떻게 아주 사소한 자극으로도 당신을 신에게서 벗어나 사탄으로 이끌 수 있는지에 집착하기 때문이다.

나는 [아이슬란드계 설치미술 예술가] 올라퍼 엘리아슨을 매우 좋아하는데, 왜냐하면 그는 우리가 온갖 여유 공간을 느낄 수 있게 해주는 사회적 공간을 만들기 때문이다. 그리고 그는 매우 비개념적인 방식으로 작업을 수행하는

데, 즉 그가 만드는 것들은 자신의 부분보다 작은 전체이다. 왜냐하면 당신은 그것들을 온갖 방식으로 사용할 수 있기 때문이며, 상기하건대 그 점이 우리가 "부분[부품]"이라고 부르는 것의 한 양상이기 때문이다. 내 세계는 나보다 크다(아기를 갖는 것에 관한 논증을 기억하라). 다리의 세계나 〈그린라이트〉 기획의 세계는 작품 자체보다 크다. 후자의 경우에는 이 점이 명백한데, 왜냐하면 후자의 모든 것이 물건을 만들고 조립하는 것에 관한 것이고, 이렇게 조립된 물건은 결코 최종적이거나 완전하지 않으며 언제나 그것의 가능한 미래보다 작기 때문이다.

내가 생각했던 것보다 내가 작기에 내 세계도 작으며, 내 세계 또한 하나의 전체이다. 내 세계는 실재적이지만 경쾌하고, 스펀지처럼 구멍이 뚫려 있다. 이는 내가 다른 사람의 세계를 공유할 수 있고 그 반대의 경우도 마찬가지임을 뜻한다. 나는 그것을 총체적으로 수행할 수 없는데, 왜냐하면 내가 총체적으로 그렇게 한다는 것은 결과로 초래되는 전체가 자신의 모든 부분을 삼킨다는 점을 의미할 것이기 때문이다. 진리 또한 그런 것일 수 있다. "참"은 양태적일 수 있는데, 다른 말로 하자면, 100퍼센트 참이 아니라 부분적으로 참일 수 있다. 당신은 반 정도 맞을 수도 있고, 70 퍼센트 정확할 수도 있다 … 당신은 당신의 세계의 30퍼센트를 사자와 공유할 수도 있다. 그러나 그것은 비트겐슈타인이 생각한 것처럼 0퍼센트가 아니다. 당신의 세계와 사자의 세계는 중첩될 수 있으며, 이것이 서로를 돌볼 수 있는 이유이다. 당신의 세계가 난민의 세계와 중첩될 수 있는 것은 당신과 난민이 본질적으로는[밑바닥에서는]underneath 동일하고 차이는 피상적이기 때문이 아니다. 그것은 당신이 인류라는 사물에 속해 있기 때문이 아니다. 인류라는 사물은 통상적으로 어떤 종류의 이성애자 백인 남성을 모델로 한 폭발적 전체이다. 당신이 세계를 공유할 수 있는 것은 존재론적으로 당신이 생각했던 것보다 당신이 작기 때문이다.

우리는 인간이다. 우리는 해파리가 아니다. 인간은 지구 온난화를 초래했고, 이는 이미 대량 이주와 분쟁의 원인이 되고 있다. 돌고래가 하지 않았다. 인간은 돌고래와 다르다. 나는 이 점에 관해서 매우 확고하다. 만약 우리 모두가 원자로 이루어져 있거나 인간, 팀, 시민 등으로 있는 것이 무엇을 의미하는지를 구성하는 담론으로 완전히 환원될 수 있다면, 결국 모든 것이 동일할 수 있다는 결론에 도달할 수 있다 — 즉, 모든 것은 근본적으로 같은 종류의 사물로 만들어져 있다는 것이다. "인간"을 말하는 방식은 통상적으로, 당신의 특정한 사회적·경제적 (그리고 그 외의) 차이가 중요하지 않다거나 더 큰 무언가의 일부가 되는 것보다는 중요하지 않다고 말하는 폭발적 전체론의 폭력적인 형태인 경향이 있다. 하지만 "인간"이 전혀 없다면, 다른 생명체를 돌보는 것은 말할 것도 없고 국제적인 규모로 서로를 돌보는 일이 어떻게 가능할까? 이것은 우리가 지금 해야 하는 일인데, 우리가 상을 받을 것이기 때문이 아니라 문제가 있다는 것을 우리가 이해할 수 있기 때문에 우리가 지금 해야 하는 일인 것이다. 당신은 지구 온난화에 대해 책임을 지기 위해 지구 온난화가 인간에 의해 초래되었다는 것을 증명할 필요조차 없다. 당신은 지구 온난화가 실재적임을 알면 될 따름이다. 당신은 메마른 숲에서 타오르는 담배가 어째서 피워졌으며 어째서 그 자리에 버려졌는지 알 필요가 없다. 당신은 불을 끄면 될 따름이다. 왜냐하면 당신은 담뱃불을 보고 그것이 무엇을 하는지 이해할 수 있기 때문에, 그래서 책임이 있을 따름이기 때문이다.

그러나 우리에게는 그러한 일을 수행할 용기와 동기를 부여할 철학적이고 영적인 자원이 부족하다. 정당하게도, 생각이 있는 사람이라면 어떤 편재하는, 어디서나–똑같은 인류로 환원되는 것을 싫어할 것이다. 인류를 상상해 보라. 당신은 필연적으로 매우 특정한 어떤 것을 상상하게 될 것이다. 나는 그 점이 사실 흥미롭다고 생각한다. 나타남의 기저에 있는 실체를 상상하려고 하면 또 다른 여러 나타남을 상상하게 된다. 아마도 그 나타남은 칙칙하고 투명한 젤리 덩어리일 것이다. 사물이 나타나도록 만들어진 것처럼, 사물이 상상될 수 있다는 바로 그 사실은 이것이 언제나 참일 것임을 의미한다. 나는 사고의 구조에는 세계에 관한 매우 깊은 어떤 것을 알려주는 무언가가 있다고 생각한다. 즉 당신은 존재로부터 나타남을 벗겨낼 수 없다.

나타남은 부분이다. 존재는 전체이다. 언제나 존재보다 나타남이 더 많다. 존재는 존재론적으로 작다. 그래서 사물이 발생할 수 있는 것이다. 사물이 작용하는 방식과 당신이 사물을 사용하는 방식, 그리고 사물이 조사되거나 구속되었을 때 일어나는 일을 비롯한 나타남은 마치 모든 것이 일종의 판도라의 상자에서 쏟아져 나오는 것처럼 사물에서 쏟아져 나온다. 사실 판도라의 상자는 원래 판도라의 항아리였는데, 그렇기에 좋은 것이다. 왜냐하면 항아리는… 열려 있기 때문이다.